手把手教你卖保险

从小白到销冠的成长之路

李越 ◎ 著

Publishing House of Electronics Industry

北京·BEIJING

内容简介

本书不仅归纳了传统保险人的一些工作经验和方法，还创新地展示了新时代保险人的成功之路。本书通俗易懂，提供的方式方法可落地，干货满满。本书作者有丰富的客户服务及拓客经验，对保险业的现在及未来有清晰的认知，不但能帮助大家把握好现在，而且能给大家指明前进的方向。

本书不仅适合保险新人阅读，也适合有一定保险经验，但遇到瓶颈想要提升技能的保险从业人员阅读。

未经许可，不得以任何方式复制或抄袭本书之部分或全部内容。
版权所有，侵权必究。

图书在版编目（CIP）数据

手把手教你卖保险：从小白到销冠的成长之路 / 李越著 . —北京：电子工业出版社，2023.11
ISBN 978-7-121-46484-3

Ⅰ.①手⋯ Ⅱ.①李⋯ Ⅲ.①保险业－市场营销学 Ⅳ.① F840.41

中国国家版本馆 CIP 数据核字（2023）第 194280 号

责任编辑：王陶然　　　特约编辑：田学清
印　　刷：三河市鑫金马印装有限公司
装　　订：三河市鑫金马印装有限公司
出版发行：电子工业出版社
　　　　　北京市海淀区万寿路 173 信箱　　邮编：100036
开　　本：880×1230　1/32　印张：8　字数：180 千字
版　　次：2023 年 11 月第 1 版
印　　次：2023 年 11 月第 1 次印刷
定　　价：59.00 元

凡所购买电子工业出版社图书有缺损问题，请向购买书店调换。若书店售缺，请与本社发行部联系，联系及邮购电话：（010）88254888，88258888。
质量投诉请发邮件至 zlts@phei.com.cn，盗版侵权举报请发邮件至 dbqq@phei.com.cn。
本书咨询联系方式：（010）68161512，meidipub@phei.com.cn。

导 读
INTRODUCTION

这是我写的第一本书,想好好介绍一下。在介绍它之前,我想先介绍自己。

我叫李越,毕业于北京理工大学,性格内向,很多时候又很感性。2017年年底,我加入明亚保险经纪股份有限公司(以下简称"明亚保险经纪"),由于没资源、没背景,以及性格原因,亲戚朋友及多家保险公司的团队长都不看好我。

甚至,当时我也不太看好自己。

但我用自己的方法,2018年就成为TOT(顶尖会员),并做到了全公司业绩第二。2019年和2020年,我的业绩蝉联明亚保险经纪全国第一。后来,我把我所采用的方法传授给我的团队,并于2020年、2021年、2022年连续获得明亚保险经纪全国最佳伯乐奖，帮助几十人成为 MDRT（百万圆桌会议）会员。

本书涵盖我这几年从保险"小白"变成销冠的精华与"干货"。我用了近一年的时间写作，因为我认真对待自己的第一本书。我希望它既有理论又有相关实践，既能体现专业性又通俗易懂，并且是真实的、值得被学习与应用的。

让人开心的是，我把本书的初稿给一些同业看了之后，得到了他们的积极反馈和高度评价，我发现自己的努力没有白费。

我觉得本书适合各个阶段的保险人阅读。

如果你正考虑进入保险业，可以通过本书了解这个行业的特点、是否适合自己，以及如何选择合适的平台与团队，更快、更好地开启自己的职业生涯。

如果你是保险新人，可以通过本书找到适合自己成长的方式方法，少走弯路、错路，并从中得到一些思维上的启迪及心灵上的抚慰。

如果你是保险精英，可以通过本书更好地拓展思路，让自己变得更优秀，并持续成功。

如果你是保险公司的团队长，可以通过本书了解如何带好团队及帮助新人，走好未来的保险之路。

不管你是谁，遇见我，遇见这本书，都会让你有所收获。

我相信保险业的未来是美好的，我也相信每个保险从业人员都能成为更好的自己，我更相信所有的付出、所有的努力都会被看见。

希望每个人都能走好保险这条路。

感谢你们选择本书，爱你们每个人。

自 序
PREFACE

为什么普通人也能成为公司的销冠

下面说一说我的故事——我是如何成为明亚保险经纪的销冠的。

一、从业前为什么没人看好我

在我准备进入保险业的时候,亲朋好友都不看好我,我面试了几家保险公司的团队长职位,面试官也都不看好我。

其实，那时候我都不看好自己，不自信也不自卑，对自己没有任何期待。那时候的我有以下特点。

1. "社恐"，性格内向

其实我现在也是，本以为卖几年保险后性格会变得外向一些，或者不再"社恐"了，但我发现性格很难改，当时很多人不看好我就是由于这个原因。根据大多数人的固有印象，外向的人比较适合从事保险销售工作。

2. 没有缘故客户等资源

保险公司往往更青睐有缘故客户等资源的员工。如果你有一定的资源，自然能够比没有资源的人更快地上手、更快地取得成绩。

但我一点儿缘故客户等资源都没有。

3. 资质背景一般

我是本科学历，在公司中算普通的。此外，我之前在北京工作7年，获得的最高月薪也就一万多元，可以说属于资质背景一般的。

4. 保险"小白"

和很多人一样,在加入明亚保险经纪之前,我没有做过保险。当时我不仅是保险"小白",甚至还对保险持怀疑态度,这也是很多人不看好我的原因。

二、我是怎样成为公司的销冠的

1. 正视自己,保持真实

这一点十分重要。我现在十分庆幸,多年以来我一直按照自己的想法去做事,既没有乱节奏,也没有乱阵脚,始终坚持做自己认为对的事情,虽然很多人对此不太理解。比如,即便我成了公司的销冠,也不会嫌几百元的单子小,依旧对年入 5 万元和年入 500 万元的客户持一样的态度。

我有很多缺点,特别是性格上的,很难改,我觉得也没必要改,我早就学着跟自己和解了。"人无完人",坦然接受有一堆缺点的自己挺好的。面对客户、面对团队、面对家人,尽可能展示真实的自己,因为我的缺点已经够多了,不想再多个"虚伪"的缺点。

2. 比大多数人努力一些

我不敢说我是这个行业中最努力的,但是可以肯定地说我比这个行业中 80% 的人努力。我经常对团队中的伙伴说:"以现在大家的努力程度,真的轮不到拼天赋。现在保险从业人员很多,但努力且用心在做的人真不多。"

当你达到一定的高度后就会发现,如果你知道正确的方向,也有好的平台,那么对你来说最重要的是工作量。每个成功的保险人的背后都少不了努力。

3. 利用好互联网

我觉得自己之所以可以从一个没资源、没背景的人成长为"业绩王""单量王"等,是因为有足够多的客户支撑。我是如何得到这些客户的呢?靠的就是互联网。

未来的保险业大概率传统与创新并存。传统是指行业的一些底层逻辑,以及一些前辈总结的成功经验;而创新主要是指利用互联网等技术,提高工作效率和专业能力,并且努力被更多的人看到与认可。

4. 选择对的平台

选择有时候比努力更重要。在爱情中，心灵契合很重要；在工作中，契合同样重要。我与我所在的公司十分契合。现在通过大数据来看，与我们公司契合的保险从业人员越来越多。我所在的公司是头部经纪公司，也是 MDRT 达成率最高的公司，并且规模和业务量在行业中遥遥领先。我所在的公司被称为保险业的"学习委员"，就是因为其十分专业。我所在的公司吸引了大批优秀的人才，其中本科生、研究生所占的比例都大大超过行业的平均水平。

5. 更多考虑他人的利益

这一点是我的软肋，也是我的铠甲。

我特别在乎他人的感受，在做任何事情的时候，都会考虑他人的利益。当你把他人的感受放在重要位置的时候，你可能也会收获他人的善意。

6. 好运气

我十几年前注册微信的时候，签名档就写了"越努力，越幸运"。这句话好像一个幸运符，让我一直幸运到现在。我期待每次微信响起，每个好友申请，以及每次不期而遇。

7. 好的展业与销售技巧

在做保险前，我做了7年销售工作，积累了大量的销售经验，在对销售流程的把控、客户心理的了解及销售思维的运用上，都进行了体系化的研究。

以上7点在本书中都有详细的介绍，是十分值得大家借鉴和学习的。我能成为公司的销冠，恰恰说明我对这个行业有深入的了解。我想通过经验分享，让更多的人走好保险之路，赚到钱，最终成为期待中的自己。

三、对同业说的话

一切付出与努力都是值得的。不管业绩是好还是坏，不管服务的客户是多还是少，当你仔细回忆自己从业过程中美好的与糟糕的事情时，美好的事情大概率会更多。

我由于各种原因在保险领域取得了一些成绩，但这些成绩属于过去，未来任重而道远，我将和大家一样，继续做好自己的工作，过好自己的生活，努力成为更好的自己。

目录
CONTENTS

第一章　成为保险销冠第一步——迈上正确的道路

第一节　保险新人要思考清楚 4 个问题　002

第二节　如何选择适合自己的公司与团队　008

第三节　给保险新人的 10 条建议　017

第四节　保险新人常走的弯路　024

第五节　遇到问题要及时解决　031

第二章　保险销冠的必备能力

第一节　要想通过卖保险赚钱，应先学好基本法　038

第二节	怎样快速学懂各种保险产品	043
第三节	学习必要的非保险知识	049
第四节	销售其实没有技巧	055

第三章　拓客——如何获得源源不断的客户

第一节	缘故客户：大部分保险人从此开始	062
第二节	线上拓客：新时代保险人必备的技能	067
第三节	线下拓客：既简单又困难的拓客途径	072
第四节	资源整合：没资源的人也能成功的秘诀	078
第五节	客源合作：让专业的人做专业的事	085
第六节	转介绍：客户源源不断的诀窍	091

第四章　保险销冠是如何展业的

第一节	展业与服务流程	098
第二节	让面谈成功率提升的 5 条经验	104
第三节	怎样向客户介绍自己	110
第四节	好的客户需求分析应该怎样做	117
第五节	如何帮客户从海量产品中挑选合适的产品	122

第六节	如何做好方案呈现与讲解	128
第七节	如何"催单"	133
第八节	如何服务线上客户	139
第九节	把问题处理放在异议处理之前	145

第五章 客户与业务的常见问题处理

第一节	为什么客户突然没有回音了	152
第二节	客户想买,但其家人不同意怎么办	159
第三节	客户只要"大公司"的产品怎么办	164
第四节	如何回答客户的"你离职后服务怎么办"问题	169
第五节	客户身体异常怎么投保	175

第六章 不做职场过客——如何成为保险业的常青树

第一节	进行有效的时间管理	182
第二节	面对客户的3种心态	188
第三节	不断被拒绝,怎样调整自己	192
第四节	掌握能不断提升自己的学习方法	196
第五节	做自己就是最好的宣传	200

第七章 保险人的职场发展

第一节　保险从业人员的未来在哪里　　206
第二节　是兼职好还是全职好　　212
第三节　如何顺利度过低谷期　　218
第四节　如何为团队新人制定成长规划　　222
第五节　保险人努力的方向是什么　　229

后记　写给保险新人的一封信

第一章

成为保险销冠第一步——迈上正确的道路

第一节
保险新人要思考清楚 4 个问题

相信我，进入保险业会让你的生活变得和之前不一样。进入保险业的新人应该先做什么？我的建议是先停下来，认真思考 4 个问题。

一、这是一个好职业吗

可以说，保险经纪人乃至所有保险外勤人员从事的都是咨询服务类工作，广义上来说也属于销售类工作，而且更像是小型的个人创业。

那么，保险销售是一个好职业吗？

这是不是一个好职业我觉得因人而异，比如我从一个无资源、无背景的保险"小白"起步，在很短的时间内就取得了可喜可贺的成绩，这说明只要努力且有正确的方法是可以快速成长的，对我来说保险销售是一个好职业。同时，这个职业比较适合喜欢自由的我，我在服务客户的过程中收获了一些美好。

但这个职业对一部分人来说是一个体验不好的职业。因为没有底薪或底薪较低，就算你天天来公司打卡，如果不出单就不会有或仅有极低的收入。此外，你在工作过程中会遇到很多挫折，会不停地被拒绝，会有不小的压力，会有"名牌大学毕业怎么保险都卖不好"的自我怀疑，甚至会被亲朋好友疏远，因为很多人认为保险是骗人的，卖保险是丢人的。

我只能说虽然保险销售并非对任何人来说都是一个好职业，但它是一个发展前景越来越好的职业。最直观的感受是，现在的保险经纪人正朝年轻化、高知化、高素质化发展，不再是很多人眼中的找不到其他工作的人，而是拥有本科以上学历的青壮年，甚至一些人在从事这个职业前就已经有了很高的收入与社会地位。他们在选择一个职业的时候，是理性且客观的，也是经过深思熟虑的。判断一个职业好不好，最简单的方法就是看它吸引什么样的人。

二、这个职业到底是做什么的

与保险销售相关的职业有很多种，包括保险经纪人、保险代理人、互联网保险大V等。我们首先要知道自己属于哪一种，然后知道我们代表谁的利益、提供什么样的服务、承担什么样的责任等。

保险经纪人并不是简单地代理很多保险公司的产品，然后将产品卖给客户。他们是客户的风险管理顾问，受客户的委托，站在客户的立场上，为客户进行风险评估、提供保险方案、办理投保手续、协助或代办理赔等。

用形象一点的话来说，保险经纪人在最初服务客户时像一家咨询公司，帮客户分析需求；然后像一家招投标公司，帮客户招标，确定中标的保险公司；接着像一个律师事务所，严格地审核合同的细节，保证合同内容不损害客户的权益。如果后期有纠纷，他们能第一时间用专业的保险知识与法律知识维护客户的权益。他们的服务时间不短于保险产品的保障期限，若客户购买保终身的产品，他们就会为客户提供终身服务。只有知道自己做的是什么，才能知道前进的方向。

三、为什么要从事这个职业

每个人对这个问题都有自己的答案。我曾经让团队成员写自己为什么做保险经纪人。

有一个团队成员对我说："我写不出高尚的理由，我就是想赚钱，但这个理由不能说出去，否则别人会对我有不好的看法。"我告诉他，目的是赚钱没什么不方便说的，赚钱的背后是我们希望自己及家人有更好的生活，以后的人生有更多的选择与可能，凭自己的本事赚钱并不丢人，反而是在履行对家庭的责任。

如果你是一个坦诚的人，那么请继续保持坦诚，一般客户不反感你获取应有的报酬，客户反感的是虚伪。有的人说选择这个职业是因为时间自由；有的人看好这个职业，打算大展宏图，努力成就一番事业；有的人想帮助那些需要帮助的人……

不管你从事这个职业的原因是什么，请对自己诚实，尽量把目标转化成动力，努力成为自己想成为的样子。

四、打算怎样做好这个职业

这个问题在从业的不同阶段有不同的思考。

如果你刚进入保险业，我建议从 5 个方面思考：如何学习？如何获得客户？如何展业？如何调整心态？如何解决工作与生活的冲突？

这几个问题是本书想帮大家解决的主要问题，后面的内容将围绕这几个问题的解决展开。

关于学习，我们要知道学什么、跟谁学，有哪些好的学习方法与技巧，以及如何学以致用。

关于获得客户，我们要知道大部分从业者流失不是因为他们专业水平低，而是因为没有客户，因此我们要知道客户在哪里，以及如何让客户找到我们。

关于展业，这是我们应具备的基本能力，要知道如何帮客户进行需求分析、配置方案、解决异议问题等。我们还要知道哪些工具及习惯有助于提高展业效率，更好地满足客户的需求。

关于调整心态及解决工作与生活的冲突，后面我会以过来人的身份告诉大家未来会遇到哪些问题。从事这个职业会遇到很多挫折，让你想退缩或自我怀疑；会面临很多名利诱惑，让你膨胀或迷失自我；会有很大的压力，让你感到难受或无助；会有很多牺牲，如失去你已经习惯的安逸生活。因此，如何调整心态及解决工作与生活的冲突需要认真思考。

这些问题的答案你可以先自己想，也可以跟一些前辈或者团队长交流，注意一定要主动思考。前期最好有相关工作指导细则来教你迈出第一步。以后的路上会有很多老师告诉你到底应该怎么做，你需要结合自己的实际情况进行吸收和调整，从而走出适合自己的路。

如果你是刚进入这个行业的新人，我建议你把属于自己的这几个问题的答案写出来，发布到微信公众号或朋友圈都可以。也就是说，不仅是写给自己，还要分享出来，让你身边的人及更多的人看到一个拥有新身份且朝着新目标努力奋进的你。

我相信你会得到来自这个世界的爱与支持，也相信你会拥有走好所选择的路的力量，更相信你会坚定自己的选择。

第二节
如何选择适合自己的公司与团队

要成为一名优秀的保险顾问,在某些情况下,选择大于努力,特别是对公司与团队的选择。

一、选择适合自己的公司

要成为保险顾问,主要可以选择的公司类型是保险公司、保险经纪公司和保险代理公司。如果成为保险公司的专属保险顾问,那么可以获得保险公司提供的培训与支持,但是你只能卖该家保险公司的产品;如果成为保险经纪公司或者保险代理公司的保险顾问,那么可以获得这些公司提供的培训与支持,并且可以卖多家公司的产品。

业界还有一种说法,保险公司的代理人代表保险公司卖产品,而保险经纪人(保险经纪公司的)代表客户选产品,看起来好像是保险公司的代理人主要考虑公司的利益,而保险经纪人主要考虑客户的利益。我觉得这种说法过于片面。

其实，不管是保险公司的代理人还是保险经纪人，都希望能帮客户配置合适的产品，初心都是好的。下面和大家分享选择公司时的一些注意事项。

1. 如果你想成为保险公司的代理人

截至2022年年底，我国有92家人身保险公司，其中人寿保险公司75家、健康保险公司7家、养老保险公司10家。这些保险公司大部分都在招聘代理人，我认识的同业有上千人，从代理人转到我的团队当经纪人的也有上百人，我认真分析过在特定需求下选择什么样的公司更好。下面我直接上"干货"。

（1）选择名气大的

在选择公司时，首选名气大的，特别是在当地名气大的。什么叫名气大的公司？一个很简单的衡量标准是，你随机问身边10个人，有5个人以上知道这家公司。因为到后面你会发现，很多客户只愿意购买自己听说过的公司的产品。如果你就职于一家知名度很低的公司，即使你的产品性价比较高，卖起来也很难。当然，如果一家公司的产品不错，公司本身的知名度也较高，那就更好了。

（2）选择门槛高的

在选择公司时，应尽量选择门槛高的，比如你是大专学历，最好选择要求大专及大专以上学历的公司。事实证明，跟优秀的人在一起，你大概率会变得越来越优秀。一般来说，门槛高的公司，整体的培训与展业质量，以及市场口碑更好一些。

一个网友曾对我说："我入职某公司后，发现一起开早会的都是没怎么上过学的人（没有恶意，只是原话复述），我的心一下子就凉了。我虽然不是名牌大学毕业的，但感觉我和他们不是一类人。"

虽然我不认为一个人学历高其能力一定强，但个人学历高或者公司门槛高会让员工的整体素质得到提升，这在一定程度上说明了员工的"综合能力强"，也会让你更认可所在的公司或行业，愿意相信自己在这家公司或这个行业能获得更多发展机会。

（3）选择一线销售利益较高的

如果你不想把保险事业做成"拉人头"的事业，那么应选择一家一线销售利益较高的公司。要知道，我们赚的钱主要来自两个方面：一方面是自己的业绩，另一方面是管理利益。

我记得刚做保险的时候，有一家公司想挖我，对我说"我们公司有个小姑娘，只拉了10个人，一年就能赚几百万元"，然后跟我分析基本法（公司制定的《保险业务人员基本管理办法》的简称），对我说去他们那里不用做业绩，只要拉10个人，这10个人再各拉10个人，新加入的人再往下各拉10个人……这样就可以"躺赚"高薪。但我想说，这不是保险。

之前，我还了解过一家公司，保险销售人员卖保单为公司赚了1万元，到他手里可能只有2000元，剩下的8000元可能被他的上级分走了。这是一种畸形的管理方式，不利于员工的长期发展。

（4）选择行业前辈建议的

在选择公司时，最好多咨询有3年以上行业经验的前辈，询问他除了他所在的公司，还有哪些公司值得加入。很多人都觉得自己所在的公司是最好的，他们通过各个渠道了解其他公司的情况后，会对其他公司做出评价，保险业中的很多前辈都愿意分享自己的看法。

2. 如果你想成为保险经纪人

我对各家保险经纪公司的研究比较多，下面给大家介绍一些选择保险经纪公司的原则。

（1）选择在行业中具有领先地位的

虽然国内的保险经纪公司近几年如雨后春笋般出现，但依然无法撼动几家在行业中具有领先地位的保险经纪公司的地位。在行业中具有领先地位的保险经纪公司代表着体系完善，代表着产品全面，代表着有品牌、有口碑，代表着支持、赋能到位，代表着有资金、能够发展得更好。因此，选择行业龙头企业大概率不会错。

（2）选择产品线全一些的

保险经纪公司最大的特点之一是产品多而全。产品线全的好处非常多：首先，你可以客观地为客户推荐产品，不会出现"我没有所以它不好"的情况；其次，这样的公司可以让你有更多的展业方向，如可以主要销售高端医疗险，可以主要销售团财险，可以主要销售储蓄类保险，也可以选择都销售，总之可以让你有更多选择；最后，产品线全对非标体（非标准体）非常友好，如果客户买不了A产品，你可以尝试为其推荐B、C、D、E等产品。

（3）选择分公司尽可能多的

如今的社会是互联网社会，非本地的客户也能找到你。同时，未来的发展方向会受到更加严格的监管，如双录（录音和录像）等。如果你的同事遍布全国，那么对你来说是十分有利的，你可以享有更多便利，并且会让你的事业有极大的发展空间。

（4）选择门槛高的

这一点跟保险公司的代理人选择保险公司一样。高门槛大概率代表着你的同事更优秀，也代表着这家公司的服务和口碑良好。我建议大家在选择公司时看一下其本科及本科以上学历员工的占比，甚至是硕士及硕士以上学历员工的占比。保险经纪人是一个顾问式职业，对从业人员的各方面能力要求较高，其中学习能力非常重要。

（5）选择基本法对一线人员友好的

在良性的基本法下，应该是做较多工作的人获得较高的收益。未来的保险业不应该有那么多超级团队长，比如那种一年"躺赚"几千万元的。未来的保险业的发展方向大概率是超级业务员跟超级团队长一样重要。

二、选择适合自己的团队

公司选择好了，下一步就是选择团队。在选择团队时，建议大家参考以下几点。

1. 引荐人和团队长很重要

引荐人最好是有时间的人，团队长最好是有成绩的人。

当然，如果引荐人和团队长都是既有时间又有成绩的人，就再好不过了。

这里所说的有时间，指的是能在你身上花时间。比如，你需要他们的时候，他们能及时出现。特别是在新人期，需要有人手把手教，你需要他们把时间花在你身上。

有成绩也非常重要。这个成绩应该是你采取可以复制的方法能够取得的。因此，你要了解引荐人和团队长的成长路径，看他们是不是有成绩的人，以及他们的成绩是怎样取得的。跟有成绩的人在一起，你的发展大概率不会太差。

同时，你的三观要与他们一致，因为未来很长时间，你们要在一起工作。这需要你通过各种途径了解，如通过文字、视频了解，或者在交流中感受。

2. 团队的特点是你喜欢的

很多时候，"你喜欢"很重要。

很多团队都有自己的宣传平台，上面有一些介绍。我很喜欢看各个团队的愿景、使命、价值观、关键词及团队名字的由来等。我还会关注团队的体系搭建，以及对外展示的风貌、风采。同时，我建议通过观察团队一些成员的对外输出，来更好地认识这个团队。

其实，有时候我们可以通过自己的感觉做出决策，若你感觉某个团队好、自己喜欢，就可以选择加入这个团队。因为很多时候，你第一眼喜欢的就是长期喜欢的。

3. 团队的优势是你需要的

不同的团队具有不同的优势，对你来说，重要的不是这个团队的优势是大还是小，而是这个团队的优势是不是你需要的。你要珍惜与引荐人沟通的机会，尽可能了解清楚团队是否具有你期待其具有的优势，以及团队是怎样做的。

事实上，没有完美的团队，也不能说哪个团队一定好于其他的团队。"适合自己的才是最好的"，而适合与否，主要看你是否真的需要。

4. 尽可能别选择特别小的团队

如果一个团队特别小，那么你选择后要做好艰苦奋斗的准备。特别小的团队，在体系上大概率是不完善的。

如果你很喜欢这个团队，喜欢引荐人和团队长，你有信心陪着它发展壮大，从不完善发展到完善，那么选择它也未尝不可。因此，尽可能别选择特别小的团队只是我的建议。

5. 相信自己的选择

不管你选择哪个团队，以后大概率都会对它有不满意的地方。

但我想说，你要相信自己的选择。因为换了其他团队，也未必会让你一直满意。当你选择好团队后，应该相信自己的伙伴，然后努力做好本职工作。

大多数团队展示的都是自己的优势，我们有时会觉得其他团队比自己团队好，因为我们往往习惯于看到其他团队的优势、自己团队的劣势。这是心理学常识，你需要做的是别想太多，珍惜当下。

以上就是我对选择适合自己的公司与团队的建议，希望对大家有所帮助。

第三节
给保险新人的 10 条建议

很多保险新人很迷茫,如果缺乏正确的引导,就会走很多弯路。我总结了从业几年的经验教训,下面把"干货"分享给大家,列出了给保险新人的 10 条建议,这 10 条建议同等重要。

一、不要说谎

这一条建议不仅是在新人期应该做到的,还应该贯穿保险从业的始终。

首先,不要对客户说谎。有一些保险从业人员用"骗"和"误导"的方式卖保险,这是不可取的,如果我们想做得长久,那么一定要对客户诚实。

其次,不要对引荐人和团队长说谎。他们是与你利益相关的人,是发自内心想帮助你的人,不能对他们说谎。

最后，不要对自己说谎。我们要真实地面对自己、真实地做自己。

二、认真写官宣文

官宣文一般指一篇或者多篇介绍自己为何从事保险工作，以及自己所在的行业、所在的公司、所在的团队及自己未来会做什么事情的文章。官宣文一般会发布在自己的微信公众号或其他媒体平台上，因此提前开通一些媒体平台账号也是保险新人应该做的事情。

官宣文一定要认真写，建议写之前向相关经验丰富的人员咨询或者多看一些同业写的优秀官宣文。官宣文有可能是客户与你建立联系的第一步，第一印象非常重要。官宣文也是你与全新的自己认识的第一步，即使你不想让别人看见，也应该给自己写一篇官宣文，促使你坚定自己的选择。

三、树立自己在业界的形象

其实，树立自己在业界的形象相当于打造IP，包括头像、简介、名片、海报等。每个人都有自己的特点，你要学会展示自己的优势与亮点,也就是说要想办法让别人记住你。

因此,我们不仅要修炼内功,还要被更多的人看见、需要与喜欢。

四、制定目标与职业规划

我建议每个保险新人都用SWOT分析法分析自身的优势、劣势,以及面临的机遇与威胁,并且制定目标与职业规划。大部分保险公司给出的目标是业绩目标。我觉得,除了业绩目标,保险新人还应有学习目标、活动量目标。最重要的是,除了知道我们想取得什么结果,还要知道如何做才能取得这些结果。

制定目标与职业规划这件事应该由保险新人与引荐人、团队长一起完成。

五、多输出

很多人问我为什么能连续成为公司的销冠,为什么在新人期就能有客户,我认真思考过这些问题,答案是因为我愿意输出。输出的好处不仅体现在教会了别人如何做,还能让自己真正学会，让自己更清晰地梳理一些知识点。更重要的是，我的输出总会影响一些人，被人看见，也会得到认可，进而被需要。

保险新人要学会输出。比如，你听了一堂课且觉得老师讲得很好，不要只鼓掌，应该及时写学习笔记；你研究透了一个知识点，不应满足于自己掌握了，还应将解析写出来并教会别人；你想告诉客户一个理论，可以写出来，因为很可能体系化的文字有助于把理论讲清楚。

输出的好处非常多，但很累、很辛苦。我统计过，自己每年至少打300万字，这只是文字输出，还不包括做的图、发布的视频。输出是一个保险人必备的能力。

六、勇于实战

学会游泳最快的方式就是去游，学会骑自行车最快的方式就是去骑，学会卖保险最快的方式就是去卖。游泳、骑自行车需要有人保证基本安全，卖保险也一样，学会卖保险最快的方式就是去实战，但应该是在保证"基本安全"基础上的实战。保险的基本安全就是不给客户提供错误的信息及产品。

我带团队的做法是，让保险新人去实战，但是我会一直陪着。很多保险新人之所以不敢实战，是因为担心自己不够专业，服务不好客户。为了鼓励保险新人，我对保险新人说："你放心，我会与你一起为客户服务，也就是说客户得到的是咱俩的专业服务，你有公司销冠的帮助，没有什么好怕的！"

七、先做重要的事情

很多保险新人什么都想学，什么都想做。比如，有的保险新人花费两个月的时间学习核保，因为他怕当遇到客户身体异常的情况时自己不会核保。但他可能不知道，核保知识需要长期积累，核保工作可以借力（如当遇到问题时向团队的核保专家请教），并且核保规则是不断变化的，不同公司的核保规则差异很大。因此，保险新人花费大量时间学习核保，最后可能会发现现实中遇到的情况和书本中所讲的并不完全一样，这就极大地浪费了时间。

保险新人应知道哪些事情重要，并且应明白这是我们的一份工作，我们需要靠业绩赚钱，应把工作重点放在如何获得客户、如何服务客户、如何借助团队让自己更快地成长上。

八、建立自己的优势产品库

很多保险新人不会花费时间面面俱到地了解产品,特别是保险经纪人,产品那么多,更没有头绪做这件事。对保险新人来说,建立自己的优势产品库非常重要,也就是把市场上客户认可度高的或者热销的产品整理在一起。

这件事需要团队成员一起帮保险新人做,因为保险新人不懂产品,需要行业前辈或者团队长的指导。保险新人要学会分析各款产品,研读条款,在网上看一些测评,遇到问题多思考、多咨询,最后把产品的卖点及不足全部整理出来。

九、拥有解决问题的能力

解决问题的能力是保险新人应该具备的一项重要能力。当遇到问题时,保险新人要知道怎么找到答案。答案可能来源于网络,可能来源于公司的资料库,可能来源于公司的内勤人员,也可能来源于引荐人或团队长。

注意,大家千万不要遇到了问题却不去解决。从事保险工作虽然要学的东西很多，但高频遇到的问题就那些，如果在新人期遇到的问题你都解决了，那么将十分有助于你走好接下来的保险之路。

十、相信自己与谅解自己

相信自己与谅解自己貌似不相关，但我将它们放到了一起，这也是我最后想对保险新人说的。

你既然选择了保险这条路，就一定要相信自己，相信自己付出了会有收获，相信自己的真心会被看见，相信你的引荐人、团队长能帮助你，相信难而正确的事情值得做，相信困难总会被克服，相信美好的事情一定多于糟糕的事情。

相信自己很重要，谅解自己同样重要。

如果付出没换来收获，如果真心没被人看见，如果没成为想成为的人，如果没有得到想要的帮助，如果这件事很难自己没坚持住，如果某个困难实在没有办法克服，如果更多感受到的是这个行业的残酷，那么我希望你能谅解自己。这不是你的错，也不是其他人的错，请调整好自己的心态，继续前行，总有一天你会收获满满。

第四节
保险新人常走的弯路

一、把太多的时间用于参加培训与学习

我认真了解过我的团队,以及一些业绩比较差的人,我本以为大多数业绩差的人没有花时间参加培训与学习。但事实并非如此,有一类人参加的培训很多,这个也听,那个也学,看起来吸收了百家所长,但最后发现听了个热闹,什么都没记住。

因此,大家在新人期的时候,要系统地、有目的地学习,并且要保证有时间去输出,重复的知识点不用听太多,同时应在实践中运用所学知识,总结经验教训,这些是培训无法给你的。

二、只愿意卖自己熟悉的险种

这一点我深有体会，入职第一年，我只卖重疾险、医疗险、意外险、定期寿险，而且医疗险只卖百万医疗险，不卖高端医疗险。这几种产品越卖越熟悉，越熟悉越爱卖，却忽略了年金险、增额终身寿险等对客户来说也是非常有价值的险种。

如果我刚开始就把这些考虑了进去，先不说我的业绩可能会更好，至少能让很多客户的保险方案更加完善。因此，我建议保险新人不要忽略任何一个险种，不仅包括年金险、增额终身寿险，还包括团体险、财产险等。

三、不重视学习基本法

公司的基本法不仅可以告诉你怎样算自己的收入，还可以告诉你怎样合理提升自己的收入，同时你可以从中得知公司的一些目标与态度。

保险新人既要了解不同职级的差别，又要了解怎样才能当上经理、总监。有同事跟我说："要是早研究透基本法就好了，我如果知道还挺容易晋升为经理的，而且能给我带来那么多的利益，我肯定早就努力成为经理了。"

建议大家多学习与领会基本法，然后思考怎样做业绩，怎样增员，建议大家"两条腿走路"，也就是业绩和增员两手抓，不仅追求业绩，还应注重团队发展，这样你才能获得良好的发展。

四、想的多，真正做的少

一个跟我同时入职的同事已经离职了，他的想法很多，如他想拍摄抖音短视频、举办线下活动、做系列课、运营微信公众号、混知乎等，但他很少行动。

我讲过关于"获客"（获取客户）的课，很多人向我分享自己想到的获客点子，我一听不错，建议他们去实践。在日常生活中，如果你认为自己的想法可行，认为是正确的事情，就应该积极去做。后来我发现，几乎没有人去实践当时想到的点子。我想对保险新人说，拉开差距的可能不是能否想到那些点子，而是是否具备执行力。执行力决定着个人的发展，不管多么重要的决策，都需要在实践中检验与修正。

五、太容易让自己成为一个"产品大师"

很多保险新人会走的弯路，就是虽然想成为一个专业人士，但是仅沉溺于产品分析与对比。保险经纪公司的优势之一是产品很多，但目前看来，对某些人来说，保险公司的劣势之一也是产品很多。他们把太多的时间用于产品分析与对比，而忽略了提升自己了解客户需求的能力、与客户沟通的能力、解决客户异议的能力、获客的能力等。产品很多是我们的一个武器，千万不要让它成为累赘。

六、等成为专业人士之后再告诉别人自己做保险了

很多保险新人都有这样的想法——自己还不够专业，不能告诉别人自己做保险了，更不能服务别人。然而，很长时间之后他们也没能成为自己理想中的专业人士，因为没有太大的动力去学习。不告诉别人自己做保险了，大概率是因为还不认可这个职业。若一个人不自信，则很难成为专业人士。

我建议保险新人若准备好了，决定入职了，首先打心底认可自己的选择，然后大方地告诉别人自己选择了这个职业。

第一个咨询你的人或者第一个为你加油的人可能就是你最初最大的动力。

七、"佛系"

"佛系"是指任何时候都不争不抢，客户不买就不买，没回复就没回复，业绩不好就不好。一些保险新人无欲无求，将"佛系"作为不努力的理由，殊不知真正的佛系是"因上努力，果上随缘"，而不是一切随缘。

我虽然不建议所有人像"打了鸡血"一样向前冲，但至少要清楚自己的本职工作是为需要保险的客户配置适合他的保险。既然是工作，就应有基本的态度与目标，否则不仅是对客户不负责，更是对自己的人生不负责。

八、把自己的想法强加给客户

这是新人期很多人会走的弯路。有的人学习了一些专业知识，就觉得自己的所有认知都是对的。若客户的需求跟自己预想的不一样，就直接反驳客户；若客户提出异议，就责怪客户理解不到位。这样做必然导致客户不满。

保险新人需要明白，客户提出的所有需求都是有他的道理与原因的，应尽可能满足客户的需求，千万不要把自己的想法强加给客户。做咨询服务工作的人，更应学会客观地分析问题，理解、尊重他人的想法。

九、不注重行业内的人际交往

这也是我存在的问题，我有轻微的"社交恐惧症"。人际交往是交流信息、获取知识的重要途径，要想在这个行业中取得一定的成绩，真的需要互相帮助、合作共赢。在这个行业中，人们会有很大的压力，会遇到很多困难。如果能回到新人期，我一定会好好经营与同业之间的关系，不做"独行侠"，不做所谓"神秘大咖"。虽然现在意识到这一点也不晚，但我希望保险新人能够早一点明白这个道理，多与人交流，多分享，多结交一些业内的朋友，因为好的人际关系是一个人事业取得成功的基石。

十、忽略一个人的品质的重要性

这是我最后想给大家的忠告，千万别走这条弯路。在从业过程中，我们应不做"背后捅刀"的事情，不误导、欺骗、引诱客户，不做违反法律法规的事情，不在背后议论同事等。这个行业充满了各种各样的诱惑，很容易让人迷失自己。一个人的品质简称"人品"，是客户很在乎的，也是同业看在眼里的，同时是其能否走得更远的决定性因素之一。因此，不管你走得多慢，有多着急，也不要走上这一条弯路。

以上是我的一些总结，当然并非代表全部，每个人都曾走过一些自己现在想起来觉得不太对的路，这也算是给后来人留下的一点财富吧。希望大家能够吸取前辈们的经验教训，少走一些弯路，早日步入正轨。

第五节
遇到问题要及时解决

除了应知道新人期该做什么、不该做什么,我们还应学会在新人期遇到问题如何解决。从遇到问题到解决问题,其实是我们成长最快的一个过程。

一、为什么遇到问题要及时解决

1. 为了在这个行业留下来

很多人直到离开这个行业都没开过单,造成这一结果的主要原因是他们没有及时解决自己遇到的问题。我曾经跟一些同业聊过,发现这类人有一个共性,就是自己知道遇到了什么问题,但就是没有及时解决。问题积攒多了,就会使小问题变成大问题、小麻烦变成大麻烦,进而觉得这个行业好难,最后陆续离开。

因此,及时解决一个个小问题,是留在这个行业的主要方式之一。

2. 为了更好地学习与成长

在这个行业做久了你会发现,未来遇到的问题可能一大半都会在新人期遇到。因此,在新人期遇到问题时及时解决掉,就是一种很好的成长。我非常鼓励大家去输出、去做事情,因为在实践的过程中大概率会遇到问题,在解决问题的过程中你会得到锻炼,收获颇丰。

3. 为了得到更多的帮助

如果你想得到你的引荐人和团队长更多的帮助,最好的办法就是积极主动地寻求他们的帮助,或者说积极主动地让他们帮助你解决遇到的问题。我对一遇到问题就想办法解决的新人非常有好感。最怕的不是你不会,而是你不想办法学会。

二、解决问题的渠道有哪些

1. 通过网络搜索

通过网络搜索可以解决很多问题,这种方式非常实用。我在新人期的时候就经常使用"知乎"这个平台,当我遇到保险问题时就会去上面查一查,里面有很多人系统地讲解一些知识点或者产品。

微信搜索也是一个非常好的渠道,产品测评、异议处理方法等都能从上面搜索到,既能搜索到一些公众号文章,也能搜索到其他平台给出的相关答案。

当然,百度也是一个很好的搜索平台,特别是一些客户咨询我的老产品,基本都能从百度上找到相关信息。

通过网络搜索能解决大部分的保险基础问题,因为几乎所有的保险基础知识都被人讲解过,几乎所有的产品都被人详细地拆解分析过。

2. 利用好公司内勤

我感触非常深,我们和公司内勤真的是搭档关系。我们在前线冲锋陷阵,他们帮我们做好后勤保障工作,当遇到问题时给予我们帮助。

当遇到公司内部的问题时,我们会寻求对应的营销支持,以及行政部门、客服部门等的支持。

当遇到与产品相关的问题时,我们可以向合作的保险公司的专员求助，他们会及时给予我们准确的回复。

当遇到医疗险问题时，我们会找医疗险部门。

当遇到团财险问题时，我们会找团财险部门。

当遇到核保理赔问题时，我们会找"两核"部门（核保核赔部门）。

总之，我们一定要利用好公司内勤这个好搭档。

3. 利用好团队

拿我们团队来说，当遇到问题时可以在微信群中交流，也可以向团队助理寻求帮助，还可以在微盘中找相关资料或对应的课程等，并且为了应对不同的问题，我们团队设立了核保部门、理赔部门、产品部门等。此外，我们还创建了一些辅助工具，如智能对比表、新人手册等。

我想，不止我们团队，其他团队也有自己的支持体系，这个体系的主要作用就是解决大家遇到的问题。团队最好的氛围之一，就是友爱互助的氛围。我特别喜欢看到，一个伙伴把问题抛出来，这个问题被其他伙伴解决掉的情景。其实，请他人帮助自己解决问题与帮助他人解决问题都是一种成长。

4. 利用好引荐人和团队长

我经常对团队的新人说:"遇到问题,大胆地来找我。我不但不嫌麻烦,反而会很高兴你来找我。"大家要明白一点,你与你的引荐人和团队长是合伙人的关系,类似于合伙开公司,只是你们占股不同。你为公司出的主要是力,他们为公司出的主要是策。你们的目标是相同的,就是你成长起来,顺利出单,然后大家一起赚钱。因此,他们有义务也有动力帮你成长,帮你解决问题。

很多保险新人不敢去找上级,可能是怕打扰上级,也可能是怕上级嫌自己笨。但我想说,至少我这种团队长是很喜欢新人问我问题的,哪怕是问很简单的问题,我也会很开心。我不认为自己受到了打扰,因为这就是我的工作,我也不会说自己很忙,身为团队长,最该忙的工作就是带好自己团队的新人。

因此,当遇到问题时,大胆地去找你的引荐人和团队长吧,这也是高效地解决问题的方式之一。

三、不要把问题留到以后

当遇到问题时,应第一时间解决。若问题积攒下来,你可能就不想去解决了，但这些问题会一直压在你的心头，当积压的问题特别多时，你可能会被压垮。有太多的人直到离开保险业的那天才发现，最初的一些小问题还没有解决，甚至离开的原因之一就是觉得自己太笨。

其实，正因为这行比较难，所以才需要我们一点一点地学习、解决问题、进步。我希望大家能重视这一点，争取在新人期解决掉大部分问题，在获得解决问题的能力后，从容地面对之后的保险之路。

第二章

保险销冠的必备能力

第一节
要想通过卖保险赚钱，应先学好基本法

如前所述，基本法是《保险业务人员基本管理办法》的简称，主要目的是规范保险业务人员的工作（如展业、增员），明确保险业务人员的责任与义务、可获得的利益、职业规划等，同时告诉大家这个行业的一些准则与规定。

总之，公司的基本法是我们进入一家公司后首先要了解的，甚至是在进入之前就要了解的。

很多新人，包括很多业绩好的人，刚进入公司就开始学习产品，准备展业，很少去研读公司的基本法，其实是否学习基本法对服务客户来说区别不大，但是对业务人员的职业发展与收入有一定的影响。

作为业务人员，除了服务好客户，还要想着如何更好地发展自己的职业，如何靠自己的劳动得到应得的报酬，知道什么事应该做，什么事不能做。更重要的是，业务人员应给自己制定一个职业规划，明确不同阶段要达成的目标及应该做的事。

因此，业务人员有必要把基本法的学习放在第一位，下面讲一讲基本法学习应该关注的重点及意义。

一、日常管理

业务人员应关注公司的日常管理，如入职和离职制度、各个职级的人有什么职责，以及平时应该做什么事情、一些培训与会议的出勤要求等。

我建议保险新人多研读几遍相关内容，因为以后所有的工作都会围绕这些展开，这是未来我们发展的基础。我建议大家多关注各个职级的人的职责，以及具体应该做什么，基本法里介绍的是准确的从业要求，对保险新人具有重要的指导意义。

二、组织架构

很多业务人员都不注重这一点，我刚开始也是，觉得自己做好业绩就行了，不需要关注这一点。在这个行业做久了就会发现，这个行业是不断发展的，我选择进入，知道有前景，其他人也会做出同样的选择，有新人进入就得有人接收、有人带。

只要认真在这个行业做,时间久了,你肯定会吸引新人。你一开始就应知道,这家公司的组织架构是什么样的,有哪几个层级,各个层级能获得什么样的利益。

你可以根据自己的能力,看自己应该把时间和精力放在带团队上还是做业绩上。很多人虽然业绩一般,但是团队管理能力非常强,他们适合发挥自己的特长,在组织建构上多努力。

我可以说就是因为没有研究公司的基本法,导致很晚才晋升为主管的。我非常感谢建议我晋升为主管的人,因为晋升为主管不仅让我在做出相同业绩的情况下收入增加了,还让我很有成就感、安全感。

我建议每个保险新人都认真研究公司的晋升制度,提前做好各方面的准备。

很多人问我"是不是要等业绩非常好的时候再去增员",我觉得前期顺其自然就好,如果有人愿意来,看好行业、看好公司,就带他入行。

若自己发展到了一定程度,能力、业绩都不错,则可以主动增员,向团队成员传授自己的经验,但不要夸大自己取得的成绩,如实对他们说就好。

三、佣金与福利

佣金与福利是大家十分关心的，其中佣金是指商业活动中的一种劳动报酬。我建议大家重点关注取得多少元以下业绩就会被销号，1万元以上业绩是什么职级，3万元以上业绩是什么职级，6万元以上业绩是什么职级等。如果快到考核时间了，发现自己的业绩差一点就够提升一个职级了，那么应想尽办法把业绩补上去，因为提升一个职级，佣金比例会相应提高，临近考核期的时候大家要密切关注自己的业绩。

福利通常包括五险一金、积分、年终分红、季度津贴、补充的商业保险、各种竞赛奖励等。

我们要了解并关注公司的各项福利，有些福利需要达到一定的条件才能获得，每个人都应尽力争取这些福利，积极地为荣誉而奋进。

需要注意的是，在前进的道路上一定要采用正确的方式，不要为了业绩、为了某些荣誉去做自己不认同或者不正确的事情，应脚踏实地地走好保险之路。

四、职业道德和业务品质

任何行业都有其规范与准则，保险业也不例外。公司会根据国家相关部门颁布的一些法律法规或者规章制度，再结合自身情况，在基本法中列出一些我们不能触碰的点。如果业务人员违反了，公司会根据性质恶劣与否给予相应的处罚，轻者批评警告，重者与其解约，甚至会提起诉讼或向公安机关报案。

我所在的公司与业务品质相关的提示就有70多条，其中很多是"你以为没事儿"但"行业不允许"的。如果想好好做下去，想长期在这个行业发展，在这方面需要加大学习力度。保险业以前口碑不好，大概率是因为有些人做了不少违反职业道德或者有损业务品质的事情。不管是为了自己还是为了行业，都应该避免做这些事情，这也算是对职业生涯的一种保护。

当然，一家公司的基本法的全部内容不限于以上4点，这4点是我们最应该研读与学习的。特别是保险新人，如果用心学习公司的基本法，对以后的展业、学习培训、职业发展有很多好处。

很多人在从业前期很容易忽视对基本法的学习，等到一定阶段才会重视，到后期基本法可能就已经融入大多数保险人的生命，根本不用再刻意学习了。

第二节
怎样快速学懂各种保险产品

一个同事问我:"现在什么重疾险比较好,我想给自己买份重疾险,能给我推荐一款吗?"我问他入职多久了,他说两个多月了,我又问他这两个多月有没有去学习产品,他说产品太多了,不知道怎样学,也不知道怎样选择产品。

那一刻,我意识到产品多对一些人来说不是好事儿。其实,细想一下,虽然产品多、产品全具有很大的优势,能让保险经纪人更好地满足客户的需求,但前提是保险经纪人应学懂各种保险产品。

一、要学习哪些产品,从哪里找资料

对保险经纪人来说,不管自己所在的经纪公司签约了多少家保险公司的产品,都会有一个签约产品汇总,所有产品的详细资料都能找到。

但我认为,保险经纪人仅学懂自己所在的经纪公司签约的产品是不够的，在为客户推荐产品时，要站在客户的立场上，尽可能做到中立，因此还要学习一些自己所在的经纪公司没有签约的产品。我建议大家学习一些自己所在的经纪公司没有签约的主流产品，大家可以在网上查找这些产品的相关信息。如果某款产品真的非常适合客户，那么即使没有佣金也要推荐给客户。

如果非自家产品是互联网上的，那么我们可以很方便地找到。我们应该对几大互联网保险经纪公司有所了解，因为它们有很多不错的独家产品。

如果非自家产品是线下保险代理人的产品，我建议多跟同业交流，多跟各家公司优秀的保险代理人交朋友。如今，我会主动结识一些优秀的保险代理人，我们会在一起交流各自产品的优势与劣势。不管是保险代理人还是保险经纪人，想要服务好客户，都应跳出自己的"井"，多了解外面的"天"。

二、自己做各个险种的对比表

如今，市面上有很多对比保险产品的工具，输入产品名称立马就会生成对比表。一般来说，各个团队都有已经做好的保险产品对比表，但我建议大家自己做保险产品对比表。

我刚从业的时候和很多人一样想走捷径，于是向前辈要来保险产品对比表，但最后发现自己没怎么看，更不会用心去记。后来，我自己做了保险产品对比表，才发现只有一个字一个字地敲出来，才会真正理解产品，或者说真正记住重要条款。保险产品对比表要尽量包含市场上的主流产品。

在做保险产品对比表时，我们可以参照其他人的对比指标，并且要先充分理解每个指标的意义。在填具体数值的时候，既可以参照产品的宣传彩页，也可以参照产品的具体条款。

任何保险经纪人都有自己倾向的产品，在对比的时候可以把自己倾向的产品往前放，个人倾向会随着自己经验的增长和市场上产品的更新而变化。

如果你是保险新人，建议多和同业交流，例如可以和你的团队长或者前辈交流你觉得好的产品。

三、选出一些产品精学

保险产品对比表能让你对产品进行广度的学习，但你还需要对部分产品进行深度学习。因为所有产品都精学不现实，所以我建议从每个类型的产品中选择1~2款来进行深度学习。

这里所说的类型不是指险种，而是对险种的进一步细分。比如重疾险分为含身故重疾险、不含身故重疾险、单次赔付型重疾险、多次赔付型重疾险、带中症的重疾险、不带中症的重疾险，癌症多次赔付、心脑血管多次赔付等。我们应从每个类型的产品中选择1~2款优秀产品来进行深度学习。

例如，我们在深度学习附加癌症二次赔付的重疾险时，需要了解癌症二次赔付不同间隔期的意义，不同癌症的复发概率，附加这个条款男士和女士各需要加多少钱，第二次赔付的比例，是持续赔付、复发赔付还是需要治疗好再罹患癌症才赔付等。可见，"癌症二次赔付"6个字背后有很多特别重要的内容。

为什么要选择1~2款优秀产品来进行深度学习呢？

一是因为客户大概率会选择这些优秀产品，客户需要的产品就是我们学习的主要方向。

二是因为我们并不需要记下所有产品的责任，而是需要通过深度学习1~2款优秀产品掌握学习产品的方法。很多保险从业人员都具备一项能力，就是拿到一份保险合同，能很快确定这款产品的责任，这是因为他们知道看哪些地方、看哪些关键字。

深度学习一款产品，通过研读其条款，发现与产品责任相关的重要字眼，大家在拆解完1~2款产品后，其他同类的产品也就会分析了。

四、多了解他人的看法

保险新人学习产品时应多向前辈请教，或者多阅读专业做保险测评的微信公众号发布的文章，因为一款产品的学习分多个维度，我们有时候会局限于自己的思维。

多去看其他人是如何测评一款产品的，能够让你突破自己的思维局限，让你的视野变得更开阔。保险新人应多向经验丰富的人请教，特别是有很多实际服务客户的经验与理赔经验的人。

此外，我们还可以向公司的产品讲师请教，通过产品讲师的视角学习如何分析一款产品。

需要注意的是，所有的信息都要辩证地看，在了解他人的看法后，自己要多加思考与求证。

五、时刻关注新产品

保险产品不是一成不变的，每个月都有新产品出现。很多新产品是非常具有竞争力的，或者说是非常符合客户需求的，因此我们应及时更新保险产品对比表。只要市场上有新的具有竞争力的产品出现，我就会第一时间更新我的保险产品对比表。

如今，客户获取信息的渠道很多，一些客户会第一时间了解到新产品，因此努力了解与学习新产品能提高服务客户的能力和效率，从而可以更好地满足客户的需求。

对保险产品的学习是贯穿从业始终的事情，我们应该花费时间和精力，但不要沉溺于产品的学习与对比而忽略了实际的展业。需要明确的是，学习产品是为了更好地展业，同时展业过程中也能加强学习。希望所有保险人都能把海量的产品变成服务客户的优势，变成客户愿意信任和选择我们的原因之一。

第三节

学习必要的非保险知识

卖保险看似是门槛很低的工作，其实不然；卖保险看似只要懂得保险知识就行了，其实要想在这个行业发展好需要学习很多非保险知识。接下来，主要给大家介绍哪些非保险知识对我们来说是比较重要的，以及我们应该如何学习与运用。

一、除保险外的金融知识

我刚开始从业的时候，就告诉自己不仅要懂得保险知识，还要懂得除保险外的金融知识。我当时就想：现在服务的客户可能只有保险需求，但未来他们可能会有其他金融需求，未来我不仅可以成为保险规划师，还可以成为金融规划师。

因此，我参加了金融理财师（AFP）课程。当时，我并不知道学习此课程知识会对保险从业有非常大的帮助，但学习后我发现，金融理财师课程中的投资基础知识（包含债券市场投资、股票市场投资、期权、外汇等）是很多人都会接触到的，也是在展业过程中会和客户聊到的。这些投资基础知识与保险的相同点是都属于金融工具，我们可以用这些来完善家庭资产配置，有助于对家庭资产进行更好的分析。

金融理财师课程中还有一个很好的知识点是家庭财务报表的编制及财务诊断，包括居住规划、子女教育规划、退休规划。我当时学习这部分知识的时候感觉很痛苦，因为有很多数字、公式，但学完后我发现，正是这些数字、公式，让我加强了对金融领域理性一面的认识。

做保险不但需要具有温暖且感性的一面，而且需要具有专业且理性的一面，因此保险人有必要系统地学习相关知识，虽然不能比相关从业者更专业，但至少要比"简单了解"更深入。

当然，我写这些并不是让大家花钱去考金融理财师培训合格证书，而是希望大家多学习除保险外的金融知识，是否考取证书不重要，重要的是我们学到了相关的知识，并且知道如何把这些知识与我们的工作联系起来。

二、法律相关知识

保险从业人员都知道要学习《中华人民共和国保险法》，因为其关乎如何解决客户异议等问题。除此之外，我们还要认真学习《中华人民共和国民法典》等，特别是和我们经常碰到的一些问题相关的法律知识。

例如，离婚后我们的保单怎么办？客户准备给孩子存一笔钱，要想保证这笔钱离婚后也属于孩子，应该买什么产品？客户身故后，保单怎么处理？客户是开公司的，如何保证不会因为公司出问题而影响他的生活？这些问题的答案要借助法律知识。

现在，市场上有非常多的保险法商培训。我参加过几次保险法商培训，讲的内容大同小异。与保险相关的法商问题其实不是特别多，如果某保险法商培训要价很高，我建议大家还是先别去参加了，买一本与保险法商相关的书阅读即可，书中的内容和培训的内容基本相同，先从中选出一些与我们经常遇到的问题相关的知识，再重点研究即可。

三、医学相关知识

很多保险人戏谑地说："做着做着保险就成了半个医生。"没错，做保险时间长了你就会发现，在为客户服务的过程中，需要用到各种各样的与疾病相关的知识。

我们要知道常见重疾的理赔标准，要知道各种常见疾病的发生概率，要知道治疗某种疾病大概需要花多少钱，要知道常见异常的核保可能，会看体检报告，了解临床医学与核保医学的区别等。

很多人会说："医学知识太深奥了，怎么学啊？"首先，我们要明白，这是一个不断积累的过程，学习医学知识是伴随我们整个职业生涯的，所以我们不必急于一时，而应持续学习。

其次，我们可以借助工具，例如一个叫"核保查查"的微信小程序，输入相关异常，就能查到很多与该异常相关的知识及各种险种的核保可能。

再次，我们平时遇到需要用医学知识解决的问题时，可以上网搜索解决方案，并记录总结下来。

最后，很多微信公众号或者知乎的大V会总结一些系统的保险医学知识，这些都十分方便找到且便于开展学习，科技已经大大提高了我们学习的便利性。

四、心理学相关知识

我以前并不觉得心理学相关知识对于从事保险业很重要，

但随着从业时间的增长，我意识到其很重要，保险从业人员应该从新人期就开始学习。我以前认为心理学是一个比较"虚"的学科，但当我认真学习相关知识之后，发现这是一个非常科学、有力量的学科。

保险从业人员学习心理学相关知识的作用体现在两方面：一方面，有利于更好地调整自己的心理状态，保持心理健康，增强自己面对各种情绪或者心理波动的能力；另一方面，有利于更好地了解客户咨询保险、购买保险的心理，从而更好地为客户提供专业的服务。

人们都期待美好的东西，但保险谈论的多是生老病死，而且保险从业人员众多，竞争十分激烈，工资收入主要靠开单。如果你的业绩不好，就会感到焦虑，甚至怀疑自己；如果你的业绩好，也会因为牺牲了其他东西而自责，或者担心以后业绩不可持续而产生压力。

身处保险业，我们要对自我心理有正确的认识，并且应具备适应、调整自我心理的能力。我平时也会写一些"鸡汤文"，从心理学角度分析这个职业，其实是希望大家能够以积极健康的心理从事这个职业。

对保险从业人员来说，了解客户的心理也很重要。保险从业人员应积极学习消费心理学，让客户在舒服且自然的状态下跟我们互动、沟通，最终顺利成交，或者虽然没成交但客户很开心与我们相遇。

总而言之，学点心理学有助于保险从业人员工作的开展。

我的目的不是让保险新人觉得"卖保险很难，还要学习这么多看似与保险不相关的知识"。其实，这些知识开始不具备没有关系，重要的是要行动起来，在从业过程中不断学习，从而丰富自己的头脑，让丰富的知识为自己的事业助力。

我主要想告诉保险新人，如果想在这个行业做得更好，有很多事情需要做，有很多东西需要学，我们没时间焦虑，每天都应力求进步。

很多同业可能不学这些知识也能将保险产品卖出去，但如果你认真学习这些知识，展现出来的专业水平很可能让客户感叹一句："你跟其他卖保险的不一样。"

第四节
销售其实没有技巧

我听同业问得最多的问题就是"有哪些卖保险的技巧",虽然我认为卖保险或者销售没有什么技巧,但一些理念或者看待事物的角度与方法还是想跟大家分享。

一、我们卖的到底是什么

闲暇时,我经常思考:从事销售工作多年,我卖的到底是什么?客户为什么会选择和我成交?我曾经得出过很多个答案,如我卖的是产品、服务、解决方案等。但我现在认为,这些都不是最重要的,最重要的是我卖的是一种感受。

自进入保险业以来,我接触过很多绩优的同业,他们每个人都有自己的特点,他们不一定是最专业的,不一定具有丰富的销售经验,也不一定有资源、有背景,但他们具有一个共同点,就是能给他人好的感受。

能给他人好的感受是一项能力，这项能力不是与生俱来的，而是可以慢慢培养的。我培养这项能力的方法是见到任何一个人都试着发现其5个优点，这样他就会成为一个能给我好的感受的人，有时候我也会把我发现的他的优点直接告诉他，这也是我给他带来好的感受的前提。

此外，我经常告诉自己哪些事情不能做，如诋毁同业、与客户争辩、乱发脾气、滔滔不绝、过分吹嘘等，因为我同样身为消费者，知道消费者反感什么，所以当我从事销售工作的时候会告诉自己一些事不能做。

我们还要努力满足客户的需求，如果客户需要一个专业的保险顾问，就应向其更多展现自己专业的一面；如果客户有感性需求（如个人倾向于先给孩子购买保险），就应尽可能理解客户，采用感性的方式（尊重客户的意愿）与其交流。在给客户好的感受的前提下帮客户解决问题，更容易有好的销售结果。

二、帮客户变得更好

我非常感谢在大学毕业后做第一份工作时带我的师父，他当时是全公司业绩最好的人。

我的第一份工作是数码产品的分销，就是厂商把货卖给我们，我们再把货卖给批发商。记得有一次师父请我们吃饭，喝了点酒后他对我们说："我不知道公司招你们这些大学生干什么，你们会干销售吗？我跟你们说，客户就是我们的兄弟，我们首先要做的是让他们赚钱，别总想着赚他们的钱，只有他们赚钱了，我们才能保住饭碗。"

我的师父就是那种拼命帮客户争取利益的人——抢热销货，争取账期。当师父需要业绩的时候，这些客户会多提货，就是为了帮师父提升业绩。

这一点对我的影响很大，后来不管到哪个公司，不管销售什么产品，我都告诉自己客户第一，要努力帮客户成功，帮客户达到他的目的，帮客户争取利益，成为一个对客户有价值的人。

当我进入保险业后，我对自己的要求同样没有变，只不过从帮客户成功变成了帮客户将生活变得更好，有一个更从容、踏实的未来。每次接触一个客户，我不会想着卖多少产品，而是会认真思考应该怎么帮助他。如果这个客户不需要保险而他本身想买，我会尽力说服他别买保险；如果这个客户仅仅遇到了问题需要帮助，明确对我说不想买保险，我也会竭尽所能帮助他。

有人说收获是一种幸福，而我觉得帮助他人也是一种幸福，我很喜欢给他人带来价值的感觉。其实，在帮助客户的同时，我也得到了丰厚的回报。

三、讲客户听得懂的话

我曾经做过一份工作——卖工业设备。很多企业的负责人不懂相关设备知识，比如卖划痕检测仪，虽然专业的介绍应该是"我们的仪器像素是多少、焦距是多少、景深多大等"，但如果不是业内人士，那么可能听不太懂，不如直接说："我们的仪器可以检测出一根头发丝那么细的划痕，检测一个产品只需要一秒钟。"

我觉得"讲客户听得懂的话"这项能力非常重要，我们应尽量把复杂的内容简单化，用客户听得懂的语言去沟通。很多保险同业考试成绩很好，并且熟悉与保险相关的法律法规，能记下产品条款，但是跟客户沟通的效果不太好，要么讲的话客户听不懂，要么说了一大堆话却说不到"点"上。

其实，锻炼这方面能力的方法很简单，因为卖保险主要是跟人打交道，所以你可以把保险介绍给你的父母或者好朋友，争取让纯外行的人听明白或者愿意跟你聊下去。用通俗易懂的语言介绍专业的东西，这是身处保险业应该具备的能力之一。

四、实战是最好的"技巧"

我看过很多销售类书籍，也有丰富的销售经验，可以写出销售人员的基本素养、需要注意的销售细节等内容，很多人看完估计会有"真不错""受教了""很棒啊"之类的感受，但大多数人无法将之落地。

事实上，提高任何能力都有一个共同的方法，那就是努力且坚持。努力且坚持的意义大家都知道，但是很少有人能够做到。因为大家都想找捷径，都想快速获得成功。不说别的，就说写文章，我从决定日更开始，一天都没有间断过，当初有几个人对我说要日更或者周更，却没有一个人坚持下来。

我经常对大家说，以现在保险同业的努力程度，真的不用拼技巧、拼天赋，如果能把平凡的事长期做下去，就会成为专家、大师。销售能力的锻炼也是如此，如果你每天都写工作总结，复盘自己哪里做得好、哪里没做好、学到了什么等，你就会越来越厉害。

第三章

拓客——
如何获得源源不断的客户

第一节
缘故客户：大部分保险人从此开始

拓客应该是很多保险从业人员十分头疼的事情之一，几乎每天都有人问我如何拓客。在拓客时，大部分保险人从缘故客户开始。

一、什么是缘故客户

缘故客户是与你的生活有联系的人，这些人主要分为以下几类。

第一类是你的至亲，包括你的父母、兄弟姐妹、配偶，这类人的特点是几乎与你的利益是一体的。

第二类是与你具有强联系的人，包括你的朋友、同学等，这类人的特点是不会轻易与你断了联系。

第三类是与你具有弱联系的人，包括除上述两类人之外在你的微信好友列表中的人，这类人的特点是对你有一定的信任或了解，但你们的关系不牢固。

二、为什么要开拓缘故客户

八个字：为他们好，为自己好。

首先，这里所说的"为他们好"，不是"你以为的为他们好"，而是"他们真的需要保险且需要你"。

不要因为干了一段时间的保险销售工作，就觉得保险是所有人都需要的，所有人必须买，给别人配置保险就是为别人好。很多人暂时不接受或者不需要保险，如果你强制向他们推销就会使他们产生压力，并且会对你产生排斥心理。

我希望真正帮助"现在接受并需要保险的人"，只有多考虑别人的感受，才是真正为他们好。

其次，这里所说的"为自己好"的前提是"为他们好"，他们正好需要保险，也遇到了值得信任的你，买了他们需要的保险，而你得到了应得的佣金，并且有了在此行业中坚持下去的理由，以及非常宝贵的经验。相比其他拓客方式，从缘故客户入手简单有效，因为有信任基础，成单率比较高，有助于你树立自信心，更好地在行业中发展下去，因此大家可以尝试采用这种方式。

三、开拓缘故客户之前需要做什么

八个字：做好准备，我一直在。

先来说一说"做好准备"。

第一个准备是心理准备。从任何职业转为保险经纪人，都需要做心理建设：认可这个职业，认可自己所在的公司，坚信自己可以做好。

第二个准备是宣传准备。你需要明确以什么方式宣传自己，我建议每个人都开通自己的微信公众号。

第三个准备是服务准备。如果有客户向你咨询保险，你打算怎样为其提供服务？如果你是一个保险新人，身后是否有一个强大的团队支持你？我经常对团队成员说："如果你的缘故客户找到你，你觉得自己的水平还不足以为其配置完美的保险方案，可以随时来找我，我们一起为他服务。"

再来说一说"我一直在"。

"我一直在"不是一句口号，而是从事这个行业的基本要求。有的客户配置的保险与其生命等长，而我们为其提供的服务也应该与其生命等长。"一日签单，终身服务。"

无论你是行业大咖还是无名小卒，不管你是否还在这家公司工作，甚至你已经离开这个行业了，都应做到：只要客户需要你，无论何时何地都尽最大努力为其提供服务。

四、具体怎样开拓缘故客户

八个字：真实表达，不卑不亢。

很多人会想，看了这么多，终于看到了重点，到底有什么拓客方法或者技巧呢？我想说，没有什么方法和技巧，只要真实地表达想法就好。

当面对自己的至亲时，你可以直接告诉他们应该配置什么保险，甚至可以直接帮他们买。

当面对与自己具有强联系的人时，你可以与他们私聊，告知他们自己身份的转变，向他们介绍自己的职业与所在的公司，以及自己能提供哪些帮助，注意应不卑不亢，告诉他们若有需要可以联系你，后期不会过多打扰。

当面对与自己具有弱联系的人时，我建议你写一篇具有真情实感的官宣文并发到朋友圈，让大家知道你的新身份，也让大家看到你的成长。

五、如何面对缘故客户的反应

八个字：懂得感恩，懂得谅解。

我经常听客户说，自己从某个朋友那里买保险是为了送人情。如果你刚入行就有缘故客户支持你，那么除因为他正好需要保险外，还可能是因为他想送你一个人情。我们要懂得感恩，因为做任何事起步最难，当你没有取得任何成绩的时候，有人愿意相信你、支持你，你要记住他的好。

事实上，更多的人可能会让你感到"心寒"，如不理你、屏蔽你。大家应明白，并不是人人都能接受保险，我们身边不乏认为"保险是骗人的"的人，也有"好端端的一个人怎么去卖保险了"的议论，我们要学会谅解，不要太在意不支持、不理解你的人。

这里说了四次"八个字"，但是并没有说出大家想看到的技巧、方法。"大道至简，实干为要"，特别是在拓客这件事上，如果你过于关注小窍门，可能会忽略最重要的东西。其实，开拓缘故客户最重要的就是真实表达出自己的想法，展示自己的新身份，承诺的都兑现，不过多打扰，不太在意结果。在此过程中，你会收获感动，也会遭遇拒绝，但这些都不应该妨碍你继续走下去。

第二节

线上拓客：新时代保险人必备的技能

我们身处互联网时代，利用好线上的平台与资源对我们从事保险工作非常有帮助。我的大部分客户都来自线上。很多人问我如何进行线上拓客，在这里给大家分享一下。

一、线上哪些地方可以拓客

凡是有流量的地方都可以拓客，只要这个地方有人看，并且你出现了，就有可能被人看到。下面为大家介绍一些平台。

以文字和图片为主的平台：微信公众号、微博、知乎、小红书、闲鱼、今日头条、简书、论坛、微信群、QQ群等。

以音频为主的平台：喜马拉雅、千聊、荔枝等。

以视频为主的平台：抖音、快手、斗鱼、虎牙直播、哔哩哔哩、优酷、爱奇艺、腾讯视频等。

二、怎样做才能实现拓客

大家发现前文提到的平台的共同点了吗？这些平台有流量，并且主要内容是靠用户创造的，大家可以从其他用户那里得到需要的知识或者信息。虽然大部分内容是用户创造的，但是能创造高质量内容的用户占比很少，我们要努力成为能创造高质量内容的人。

我们要做的就是持续、高质量输出。

很多人表示自己文笔不好不会写文章，声音不好听不敢大声朗读，长得不好看不想直播，也不会拍视频。其实，这里所说的高质量是就内容本身而言的，选好题，认真对待，不断输出，相信总有一天你能输出高质量的内容。

我经常对团队成员说："如果你能拿出写毕业论文的劲头写一篇文章，积极查资料、引用，把每一个细节都分析透彻，那么呈现的内容会超过市面上 80% 的内容；如果你想通过网络吸引客户的注意力，那么专业度就是你有力的武器。高质量的内容更多来自你的用心与付出，不在于会不会，而在于你想不想。"

关于持续，我想说这是一个非常笨但非常有效的做法。你们看到的这部分内容，就是我在日更到第 100 天的时候输出的一篇文章。

日更的确很难，比如感冒了，头非常疼，晚上 10 点很想睡觉但不能，因为一睡觉就断更了。当然，你不用保持日更这么高的频率，可以一周三更，甚至一周一更也可以。如果更新频率低，那么最好提高输出的内容的质量。很多人坚持更新了 5 篇或者 10 篇文章，没能立竿见影地有客户找上门，就开始怀疑这样做是否有效果。我想说，除非你有更好的方式让自己不再为拓客而感到焦虑，否则就应该让自己忙起来，因为你在输出的时候不会感到焦虑。输出文章如此，输出音频、视频等同理。

三、选什么样的线上平台

我不建议所有线上平台都去做，毕竟人的精力有限，要选择适合自己的平台。在选择平台的时候要考虑以下几点。

第一，能力优势。结合自己的能力优势，判断自己适合输出什么形式的内容，从而有针对性地选择平台。

第二，熟悉优势。每个人都有自己熟悉的平台，如论坛、小红书等。我刚开始展业就选择了自己熟悉的论坛，因为我了解规则，很多人也认识我，所以有一个良好的基础。

第三，坚持优势。很多时候我们之所以能坚持是因为这件事情自己做起来不难、不痛苦。因此，我们需要认真分析自己在什么样的平台输出内容更容易坚持下去。

第四，空间优势。我们应该认真分析某个平台是否有展业空间，我常听到一些保险新人说这里人太多没空间了，那里人太少不适合展业。一般来说，只要一个平台的流量足够大，其展业空间大概率就是充足的，这里的没空间特指在比较封闭的平台中，里面已经有稳定的人在展业，或者平台主要被大咖垄断，又或者只有花钱才能获取流量，这样的平台应慎入。

四、微信群拓客

微信群拓客虽然也属于线上展业，但是它并不是依赖持续、高质量输出，而是依赖某个契机，因此这里把微信群拓客单独拿出来讲。如果不是一个专门聊保险的微信群，那么你肯定不能天天发送与保险相关的内容。

微信群拓客一般分为以下几种情况。

第一种，你是群主，微信群是你创建的，不管你最初创建微信群的目的是什么，因为你的身份之一是保险顾问，所以你可以让大家知道这一点，也就是说你可以直接拓客。

第二种，你是微信群中的活跃分子，甚至是某些方面的意见领袖，同时大家都觉得你人不错，你说的话大家都愿意听，你可以抓住机会拓客。

第三种，无意间聊到保险这个话题，你正好在、正好懂，说得很专业，得到了大家的认可，从而可以适时拓客。

总而言之，在利用微信群拓客时，要么自己创建一个微信群，要么多付出，尽力融入一个你喜欢的或者想拓客的微信群。

此外，还有一种方式我不做评价。有一些同业会几个人前后脚进入一个微信群，然后互相配合，比如一个人说起保险，另一个人说自己在某某保险公司工作，并表示自家保险不错，接着会出来一个人说他家保险的确不错……我将他们称为"群演"。我不用这种方式，就像很多人建议我花钱刷一刷微信公众号的流量，我没同意。

五、线上拓客到底有没有技巧

我觉得，线上拓客真正的技巧无非是用心、勤奋，不知道大家看到这里是否会感到失望，但我真的告诉了你们正确的方向。线上拓客虽然有运气的成分，但请相信，越努力越幸运。

第三节

线下拓客：既简单又困难的拓客途径

线下拓客是一种比较传统的拓客途径，下面我给大家介绍一些有效的线下拓客方式。这些方式有的是我或者我的团队成员尝试过的，有的是我见其他同业使用过的，并且因此取得了一定的成果，但这些方式不一定适合所有的人，就当给大家提供一些思路吧。

一、线下发传单、贴海报

很多人觉得这是多年前的拓客方式，殊不知，当所有人都不看好这种拓客方式的时候，可能会出现良好的机会。

这里所说的"发传单"不是指简单地发一张纸，而是一个名称为"私立医院保险攻略"的小册子，里面对比了各种高端医疗保险的责任，发放人群应该是常去私立医院的人，这些人的保险一般不完善，他们知道看一次病大概需要花多少钱，而且大部分属于高净值人群，他们通常会忽略一张纸上的小广告，但愿意看这种十分详细的攻略。

我的同事分享：她在自己居住的小区所有的电梯里都贴了海报，做了自我介绍，并且印了5个醒目的大字——"邻居更可靠"，效果不错。我也效仿她做了一张海报，不过我没有出门贴，而是把海报发在了小区业主群里，效果也不错。

上述成功的案例说明现在发传单、贴海报的方式还是有效果的，但一定要做好内容，也要想好发放的对象与方法。

二、组织线下活动

注意，这里我没说参加线下活动，而是说组织线下活动。组织一场活动十分不易，组织者需要付出很多，但同时会得到更多人的关注与信任。

那么，具体组织什么样的线下活动呢？大家可以根据自己的兴趣爱好确定。如果你爱好自驾，那么可以组织自驾活动；如果你喜欢打篮球，那么可以组织篮球活动。

大家还可以根据自己所在的区域确定组织什么活动，例如可以在小区里组织吹泡泡大赛，让小区里的孩子和家长来参加。

我的一些同事在小区里组织了换书活动、捐赠活动等。

此外，大家也可以根据自己的专业或熟悉的领域组织一些线下讲座，我跟团队成员组织过保险公益讲座，效果不错。

当然，组织活动不仅是为了拓客，这些活动本身也很有意义，拓客只是顺其自然的事。

三、主动加入一些圈子

我们的社会由各种各样大大小小的圈子组成，我们应该勇于加入一些我们喜欢或者需要的圈子，并尽可能展现自己或多多付出。

我曾听一个同事分享，她签过一个大单，客户就是一起参加读书会的伙伴。我的团队中也有一个非常优秀的伙伴，他参加了某机构组织的线下学习，并且找机会在所有同学面前分享了保险知识。

有个伙伴说他的很多客户来源于小区邻居，就是因为他参加了小区的公益劳动。

有个同事说他的客户主要来源于一起出去玩儿的人，因为每次他都负责收钱、买东西、搬东西，也就是说他会主动承担义务工作。

因此，建议大家在融入某个圈子的同时积极展示自己，在需要付出的时候多多付出，不管做什么行业，先争取做一个让别人喜欢的人准没错。

四、以团体险带动个险

这是我刚入职的时候就知道的销售方法。

某些行业大咖会重点推销团体险，包括团体医疗险、团体意外险等，他会提前把这方面的知识研究透，再寻找客户。

寻找客户的方法一般是利用自己积累的人脉资源，或者主动结识一些 HR，因为团体险大部分由企业的 HR 负责（一般针对中小型企业，大型企业一般会主动找保险公司合作，有的中型企业会进行招标，我们可以参与，公司每年都有一些伙伴中标大单）。

如果你有一套完整的团体险方案，以及多家产品的详细对比表，包括购买、使用流程等，那么在这个领域是非常难得的。因为认真做这方面工作的人很少，大多数人觉得销售团体险佣金低，或者觉得销售团体险需要靠关系。其实，事实并非如此，大多数企业更注重保险销售人员是否靠谱、产品价格是否合理、服务是否好。

如果你拿下了一家企业的团体险，就可以更深层次地展业。因为企业为员工购买的保险对一个家庭来说远远不够，企业也希望自己员工的家庭都有充足的保障，所以你有机会去企业给员工讲解保险知识，同时告诉大家除了团体险你还能提供更多服务。

五、大方地与各种人交流

我曾和几个同事一起去国外参加 MDRT，在坐车时我们经常和华人司机沟通。司机问："你们来这边旅游吗？"我们回答："我们是代表中国保险人来参会的，我们代表中国保险人的最高水平。"

有一个组员，他的一个客户就是顺风车司机，两个人在闲聊的时候达成了交易。

我们会遇到各种各样的人，不必刻意聊职业，如果聊到了，那么应大方交流，不要不好意思说。

很多人有好点子，但是不行动，那么再好的点子也只能停留在脑海中。有的人想到了一种展业方式，但还没尝试就觉得不可行，最后落得一场空。

线上获客需要持续输出高质量的内容，而线下获客需要执行。有时候，执行真的很难，因为要走出去，但正因为困难，才有一定的门槛，才有较大的机会。最重要的是，在生活中我们要成为一个多为他人考虑的人，成为一个愿意付出的人，成为一个尽可能不令人讨厌的人，然后融入集体，勇于承担义务与责任，珍惜每一次展示自己的机会。时间长了，你会发现自己变得更好了，客户也来了。

第三章 拓客——如何获得源源不断的客户

第四节

资源整合：没资源的人也能成功的秘诀

卖保险时间长了，你会发现拓客不能仅靠自己。要想在这个行业做好，就要有持续稳定的客源，而这不仅需要你付出努力，还需要你有资源整合思维及合作共赢的理念与态度。

下面给大家分享两个我上大学时的故事。

故事一：

一年冬天，我和同学想去滑雪，当时我们没有车，于是决定找旅行社，跟团坐大巴车去滑雪。我记不清具体金额了，滑雪票100多元一张，往返车费要100元左右。

我做的第一件事就是谈代理。上大学时做过兼职的人都知道，很多商家都愿意和大学生谈学校的代理。这家旅行社也不例外，最终旅行社给的优惠是，如果满30人，滑雪票可以打五折，但是车费不能便宜。于是，我上网联系车，就这样车费也便宜了。接着我们去学校宣传，160元车接车送去滑雪，后来40人去滑雪了，并且全程欢声笑语。

我们还在车上卖自加热午餐，因为滑雪场的饭很贵。最后，大家都玩得很开心，我和几个一起组织活动的同学免费滑了雪、吃了饭，还认识了很多新朋友。滑雪场、旅行社、大巴车司机都赚到了钱，同学们省了钱，就这样通过资源整合达到了多赢的目的。

故事二：

我们学校最大的一个饭馆在新学期开学的时候打算做推广，准备让几个服务员站在饭馆门口发传单。我找到饭馆的经理，对他说："你跟你们老板说一下，这样发传单没什么效果，大多数人拿到就直接扔了，我可以用较少的钱把传单发到每个宿舍，这样大家不会直接扔掉。"没想到老板真的见了我，我跟老板说："我正打算做校园黄页，在上面展示校园周边的信息，同学们需要并且不会扔，你若赞助1万元，就给你留出两面（一份黄页分为四面），预计发4000份左右。"同时，我跟老板说自己懂设计，做出来的东西很好看。

老板答应了，因为我是做设计的，所以我和学校的印刷厂有联系，知道印刷几千份黄页并不贵，几千元就能搞定，再扣除发传单的成本——一个人一天给100元即可，算下来这单稳赚。同时，我抽时间去拜访学校周边店铺的店主，跟他们说100元一行广告位，黄页预计发到4000名学生手中。

很快，另外两面广告位卖出去了，我凭借这样的操作赚了上万元。最后，饭馆的老板很满意，周边店铺的店主觉得不亏，印刷厂赚到了钱，同学们了解了学校周边都有什么店，就这样达到了共赢的目的。

这两件事和拓客有什么关系呢？我想告诉大家的是，这样的思维可以用于生活与工作的方方面面，这种思维就是资源整合。资源是什么？资源是少数人拥有而多数人需要的东西，如果想把一件事做好，就要想办法整合更多的资源。资源整合就是用对方的优点来弥补自己不擅长的地方，同时发挥自己的长处，最后用彼此的资源创造共同的利益，达到共赢的目的。

如果你学会了资源整合，那么当你在某方面不专业或不占优势的时候也可以赢。在从业过程中，若你需要客户，而你不具备稳定的客源，但很多人是有客源的，你就应想办法进行资源整合。

下面介绍两个通过进行资源整合获客的案例。

第一个是整合线上资源的案例。我们知道有一个客群非常容易出单，那就是宝妈群体，很多人开始了解保险是因为想给孩子买保险,那么哪里的宝妈多呢?

一些与母婴相关的微信公众号会介绍母婴知识,也会分析对比一些母婴产品,做微信公众号的变现渠道之一就是开展电子商务,卖一些与母婴相关的产品。这些运营与母婴相关的微信公众号的大V明白,相比卖几十元、几百元的产品,推销保险这种一年交几千元、几万元保费的产品更容易获利。

但卖保险是有门槛的,并非挂个链接就能卖,而是需要专业的人来服务的。网络大V的优势是有足够多的粉丝,而他们需要什么呢?他们需要专业的保险顾问来提供服务,将粉丝转化为客户。

他们还需要什么呢?他们还需要优质的内容。我的好几个同事就是首先找到网络大V,然后和他们谈合作,为他们提供保险科普服务,去微信群里讲课,再提供一对一的精准服务,从而提高业绩的。如果自己的能力不足怎么办?那就找人帮忙,找优秀的同事一起为他们服务,既可以是自己团队的同事,也可以是跨团队的同事。很多团队都通过某个渠道生存得非常好。

我还听说过一个案例,是走线下资源整合的,选的是餐饮行业中的火锅行业。火锅行业有产业联盟，这些老板或者店长、经理会互相交流，有的同业专门做这个行业的险种。

大家都知道火锅行业存在一些风险。若顾客被烫伤，可能需要公众责任险；若店员在工作期间受伤，可能需要雇主责任险；若食品有问题，可能需要食品安全责任险等。

在火锅行业发力的同业把此行业需要的险种分析得很透彻，也做了非常详细的产品对比表和攻略，同时找到了这个行业的意见领袖，并且很快与其达成了合作。每个行业都有一些比较有影响力的人，如某协会的会长等，如果你能为他们提供好的解决方案及一些他们需要的其他东西，那么合作很好谈成。

其实，与火锅店谈合作的目的不仅是卖团体险，更多的是结识火锅店的负责人，他们大多是高净值人士。

这两个案例都用到了资源整合思维，并且实践的步骤很简单。第一步是分析自己需要什么。对保险从业人员来说，需要的是稳定且质量还可以的客源，应认真分析谁有客源。

第二步是思考拥有客源的人需要什么，他们一般需要获得利益或者解决问题，如运营微信公众号的大V可能需要获得利益，火锅店的负责人可能需要解决问题。

第三步是看你是否有资源能够帮助他们达到目的，这很关键。整合资源的关键是利他，先付出，多思考如何让合作伙伴满意。比如，运营微信公众号的大V需要引进保险产品但不被粉丝反感，需要真正靠谱的保险顾问帮他们解决保险问题，并且保险顾问应达到一定的数量，因为运营微信公众号的大V拥有一定数量的粉丝，同时他们需要可观的利润等。

第四步是满足客户的需求。如果你的资源不足以满足客户的需求，就应积极地找资源对接。比如，你可以找来几个同样需要客户的同事，其中有会写文章的、有会讲课的，大家一起服务平台上的客户。

虽然说起来很简单，很多人都会想到这些"点子"，但真正行动的人很少。比如，有的人会说"我不是大咖，那些平台会跟我合作吗？"，于是没尝试就放弃了。

真正的大咖可能不需要为拓客发愁，也没有太多时间谈这样的合作。我看到很多用资源整合思维拓客的人并非都是大咖，但他们的执行力很强，因为在进行资源整合时需要展示自己的资源，而我们的资源就是所拥有的保险知识及服务客户的能力。

需要注意的是，一定要利他，一定要知道对方需要什么，尽可能用自己的资源或者自己能找到的资源去满足对方的需求。其实，这种拓客方式跟做生意类似，我们做生意谈合作伙伴的时候，首先想到的不应该是让自己受益，而是让对方受益，这样对方才愿意长久地与我们合作。

我不知道大家是否从上述内容中有所收获，我想说这是我所有拓客方法中的精华，资源整合、合作共赢思维适用于大部分工作与生活场景。如今，人们的保险意识逐步增强，但是保险从业人员很多，互联网很发达，大家的信息越来越对称，要想在这样的新时代脱颖而出，仅靠蛮力是不行的，你需要伙伴、需要合作，需要把自己融入一个体系，这样你才会越来越强，在此行业中越走越远。我希望所有看到这里的人都认真想一想我说的是否对，必要时可以跟我聊一聊。换一种思维，也许你会豁然开朗。

第五节

客源合作：让专业的人做专业的事

我们知道了怎样面对缘故客户，也知道了如何靠自己的能力去线上或者线下拓客，同时明白了资源整合与合作共赢的重要性，但事实上仍然有一部分人不会做或者做不好。因此，这里我想聊一聊如果出现这种情况怎么办。

一、不是所有人都有拓客能力

这是一个让人无奈的事实。提升拓客能力和学习一项专业知识不同，并非你花时间就会有效果。拓客工作做得好的人，除了勤奋与努力，还具备天赋、资源，甚至一定的运气。因此，如果你尽全力去做了，方式方法也没有什么问题，但拓客的效果并不是很好，就要承认并且谅解自己可能真的很难具备这样的能力。

如今，保险从业人员越来越多，拓客方面的竞争越来越激烈，能从中杀出一条"血路"真的不是每个人都能做到的。我不想给大家喂鸡汤，虽然成功的人都挺努力的，但努力也不一定能达成自己的目标或得到自己想要的结果，这不是因为你比其他人差，这是一件很正常的事情。

二、为什么要让专业的人做专业的事

我们要承认，每个人的具体能力是不同的。拿保险顾问来说，一个业绩好的保险顾问不仅有拓客能力，还有展业能力、学习能力、服务能力等。

一个人能否拥有这么多能力？能，但是这样的人很少。大多数人具有其中的部分能力就已经很不容易了。我们的精力是有限的，把任何一项能力锻炼好都需要花费一定的时间，锻炼自己的学习能力和展业能力是相对容易看到效果的，因为你多学一点就会强大一点，而且这两种能力是只要你想，你就能掌握的。

但拓客能力不同，虽然很多人都知道怎样拓客，他们也在做这件事情，但真正把拓客工作做得很好的人非常少。同时，拓客能力非常强的人往往没有太多时间去服务所有的客户，所以有一种模式也挺好的，就是让能提供专业服务的人去做，要知道会拓客的人才能把拓客这件事做到极致。

三、什么是会拓客的"人"

我把人字加了引号,因为我觉得现在看来,这个"人"不单单指某个人,很多时候是指一些平台。

先说个人,拿知乎举例,我有很多同事在里面拓客,有的人已经是大 V,客户多到需要通过是否缴纳了咨询费来筛选,这些人就是会拓客的人。对这些人来说,烦恼的可能不是没有客户,而是客户太多,自己只能服务一部分客户,而筛出去的客户就浪费了,那么有没有机制让这些客户不浪费?

会拓客的平台就更常见了,如各种粉丝量庞大的微信公众号、抖音账号,这些平台舍得投入大量的运营费用,并且团队化输出内容及拓客,并以高质量赢得了大流量。

我们不管是和会拓客的人竞争还是和会拓客的平台竞争,都很难获胜,但我们可以向其学习,甚至可以借助其力量。

四、别人会拓客和你有什么关系

想一下,我们与那些特别会拓客的大咖或者平台有没有关系。

第一种答案是没有关系，也就是别人爱干什么干什么，我们直接无视，只按照自己的方式做事。

第二种答案是竞争关系，也就是大家想吃同一块蛋糕，别人多吃一口我们就会少吃一口，所以我们要尽量抢更大的份额。

第三种答案是合作关系，就是尽可能让这个人或者这个平台发挥其拓客优势，力求获得更多客户，然后我们与他们合作，一起来为客户提供服务。

商业界曾流行一个词——竞合，并非一提到竞争就是要你死我活，一提到合作就是一团和气。实际上，竞争中有合作，合作中也有竞争。

案例一：

贝壳找房是链家推出的一个平台，链家是地产中介行业的领军企业，发展运营都不错，客户认可度也高。但最初链家的发展速度并不快，链家为发展更多的城市提出了两个方案：一个方案是自己以开店的方式扩张，到各个地方去把竞争者打败；另一个方案是让潜在的竞争者归入自己的平台，达成某种程度上的合作。链家尝试了后者，推出了贝壳找房，并且发现效果很好，很多地产公司愿意与其合作。因为友好合作不但可以避免与行业领军企业竞争，而且可以借助链家的经验、工具等提升业务效率，利用更好的品牌提升自己的业绩。而链家也可以用较短的时间、较低的成本达成战略目标，更好地实现自身价值。

案例二：

汉庭酒店的创始人也是携程旅行网及如家酒店的创始人，携程旅行网有会员流量，如家酒店有很好的管理模式。

如果做酒店，特别是快捷酒店，开一两家通常不行，需要多开店。

汉庭酒店的创始人是怎么做的呢？他找各地开酒店的老板谈："你缺客源吗？我有客源。我看你的酒店管理很一般，我这里有一套很好的酒店管理系统，你改名叫汉庭吧，接下来你等着分红就行。"

这就是汉庭酒店的加盟模式，除了快捷酒店，汉庭酒店的母公司华住集团打造了多个加盟品牌，四星级、五星级酒店都可以加盟。

原本存在竞争关系的两个个体在共用同一个平台后，会成为彼此成就的合作者。当然，融入这个体系或者平台虽然能大幅度提高业绩和效率，但并不是免费的，如加盟汉庭酒店需要缴纳加盟费，收入也需要分成。为什么那么多酒店愿意与其合作呢？因为获得的大于付出的，这些酒店加盟后既学到了先进的管理方法，又积累了客源，以后即使没有可依靠的平台，自己大概率也能经营得很好。

五、保险业有这样的平台吗？我们是否要合作呢

大家要明白，不光保险顾问会因为找不到客户而发愁，客户也会因为找不到靠谱的保险顾问而发愁。

因此，现在保险业有这样的平台，并且未来会有越来越多的这样的平台。那么，如何确定是否与其合作呢？

第一，看自己是否需要客户，或者自己是否具备足以满足展业需要的拓客能力，如果有就不需要与其合作。

第二，如果自己没有拓客能力但需要客户，也要看自己的资质是否达标。因为那些拓客能力非常强的平台希望客户得到优质的服务，所以会审核我们的"服务"是否已达到优质的标准。

对刚进入保险业的新人来说，这种与"会拓客"的人合作的方式不太合适，他们需要通过努力让自己的专业水平及服务质量达到一定的水平，为以后迎接更多的机会做好准备。

第六节
转介绍：客户源源不断的诀窍

因为开发一个新客户很难，而让买过保险的人介绍一个甚至一些客户容易一些，所以很多同业会将时间与精力花在学习如何让客户转介绍上，或者做一些工作来提高客户转介绍的概率。

客户为什么会帮我们转介绍？

一般来说，客户帮我们转介绍有以下3个原因。

一是源于口碑。这里也可以说是源于信任，或者源于对你这个人的认可。这一点我觉得是最重要的，也是最不需要方法和技巧的。

二是源于利益。比如，有的客户对你说，他可以给你介绍客户，成交后你需要给他分钱，这种属于联合展业。有的客户有很多客源，但自己没有精力卖保险，于是想通过转介绍获利。

三是源于情分。比如，你帮过客户一个大忙，客户为了还人情会给你转介绍客户。

我们应该怎样做呢？

一、认识到专业与口碑最重要

我的业绩能做到公司第一,离不开转介绍。

我曾问客户为什么愿意帮我介绍客户,得到的回复基本是"我觉得你很专业""我觉得你能做长久""我觉得你推荐给我的产品不错"。

我做了多年销售工作,早就明白了一个道理,口碑很重要,相比做一锤子买卖,不如质优价好、薄利多销带来的收益多。

同类保险产品的佣金率基本一样,也就是说,价格越高的产品佣金越高,但我只卖价格合适的产品,当保险责任一样时,我会卖价格最低的产品,把自己的佣金压到最低,其实是让利给客户。

这是很多保险经纪人都会做的事情,我们会替客户精打细算,不会首先考虑自己可以从中赚多少钱。我们把卖保险作为工作,要说不在乎钱是不可能的,不过我们知道,虽然从一个客户那里赚得少,但他如果介绍来一个客户,那么两个客户加起来就比在一个客户那里赚得多。

专业、客观地为客户配置保险,看上去"利客户",其实最后也利了自己。

我会跟客户说："很多人认为我们只推荐佣金高的产品，其实不是这样的，您最后会发现我推荐的可能大多是佣金低的产品。但我工作也是为了赚钱，推荐的产品都是最适合您的，可能这次佣金低一些，可如果您发现我推荐的产品好，您以后可能会给我介绍客户，那么多个人的'低佣金'加起来就变成'高佣金'了。"

这就是专业与口碑的重要性，我们可以通过薄利多销达到多赢的目的。我们是这样想的也是这样做的，我们会告诉客户需要帮忙转介绍：我们真诚服务的目的是希望获得您的认可，得到您的转介绍。

二、做一个让客户认可的人

有一个经常给我转介绍的客户曾对我说："你知道我为什么这么愿意给你介绍客户吗？我觉得你人挺好的，十分靠谱，我身边有很多保险经纪人，他们也比较专业，但我还是最信任你。"

我们从接触客户的第一天起，就应该尽可能地给客户好的感受，与客户见面时穿着要干净得体，不迟到，理解客户的想法，展示出自己的真诚，从而给客户留下良好的印象。

在签单后，虽然我们平时很少与客户有交集，但是很多客户还是会关注我们发布的朋友圈，还是会看看我们的动态。我希望大家认真对待每一天，善待身边的人与物，你散发出来的"好"总有一天会被别人看见。

三、维护好与客户的关系

自有保险销售人员以来，"怎样维护好与客户的关系"就是一个被经常研究的问题。比如，大家经常一起讨论客户过生日送什么礼物、节假日怎么问候客户、怎么组织客户回馈旅游等。将这些问题研究透彻不单对维护保险销售人员与客户的关系有作用，对维护任何关系都有作用。

除了主动维护与客户的关系，我还会对客户说："我可能不是一个维护关系的高手，但是您需要我的时候我会一直在。"我最大的优势之一就是客户需要解决问题的时候我会马上出现，并且我会用所有的资源帮助他。

这里所说的问题不限于保险问题，还包括其他我有能力或者有资源解决的问题。如果你花在主动维护与客户的关系上的时间、精力太多，而耽误了自己的能力提升与资源获取，那么我建议你先努力成为最好的自己。

四、让帮你转介绍的人"获利"

你要明白，大多数帮你转介绍的人都不会无缘无故帮你，除了对你非常认可，就是希望自己从中获利。一类人为你转介绍是希望得到物质上的利益，还有一类人是希望得到精神上的利益。

物质上的利益好理解，比如，这个客户有很多潜在客户，他愿意介绍给你，但你需要分给他一部分利益，这有点像联合展业、合作谈单。他有客源但不专业，你十分专业但缺客源，因此可以合作共赢。

精神上的利益怎么理解？我曾经给朋友推荐了某品牌的冰箱，朋友购买后对我说："你推荐的冰箱真不错，很好用。"我会因为被认可而感到开心，这是我最想获得的利益，也加深了我与这个朋友之间的感情。很多人帮我转介绍客户，我希望他们的朋友对他们说："你推荐的保险顾问真不错，很专业，沟通起来很舒服，推荐的产品也很好。"

我们在服务转介绍的客户时，一定要用心，并且要感谢、称赞为我们转介绍的客户，表明自己懂得感恩，同时要展示我们成为更好的自己的决心。

五、理解不帮你转介绍的人

有一个客户曾对我说:"我知道你希望我帮你介绍客户,但是为朋友介绍一个保险顾问和介绍别的不同,买保险花费的不是小钱,可能关乎人的一辈子,如果介绍的保险顾问不合适会很麻烦。"

有的人不愿意转介绍也是因为对朋友负责。因此,一定要理解不帮你转介绍的人,其实他们愿意通过你购买保险,对你已经是莫大的信任了。

关于转介绍,分析到最后我发现,最重要的还是做好自己,做好自己该做的事情,真实地表达自己的想法与期待,感激帮你转介绍客户的人,也要理解那些并没有这样做的人。

第四章

保险销冠是如何展业的

第一节
展业与服务流程

我的展业与服务流程为：信息收集—需求分析—产品选择—方案制作—方案讲解—协助投保—保单送达—长期服务—异议处理。

一、信息收集

这是我们要做的第一步，也就是了解客户的基本情况。

我一般采用两种方式收集信息：第一，我会给客户发一个信息收集表，让客户填写，这种方式适用于客户不方便沟通或者客户情况复杂的时候；第二，直接给客户打电话或当面与客户沟通，由于我的客户处于异地的比较多，因此我会一边给客户打电话，一边拿着笔记本记录。

我一般会了解客户的家庭成员组成、性别、年龄、身体状况、收入和支出、购买了什么保险，以及希望达成什么目的等。

有的伙伴会问："一些客户会不会因觉得涉及隐私而不愿意说

啊？"大部分客户是愿意说的，因为他们明白了解这些对配置保险很重要。如果客户不愿意说，我们也不勉强，因为互相信任需要时间，我们可凭借现有的信息开展后续工作。

二、需求分析

客户的需求分为理性需求与感性需求。

理性需求就是根据自身的客观情况，判断自己应该购买什么险种、适合买多大保额的、怎么买；感性需求是指客户倾向买什么样的保险、喜欢什么样的公司、有什么顾虑、内心有什么期待等。有时候，了解客户的感性需求对我们来说更重要。

我们在做客户需求分析的时候，千万不要教科书化，一定要灵活，也不要把自己的想法强加给客户。有的人觉得自己掌握了保险知识，必须说服客户同意自己的观点，这样很容易走进死胡同，也容易把客户吓跑。

三、产品选择

产品选择对保险经纪人来说比较重要，因为保险产品很多，从中挑选出适合客户的产品是整个销售环节非常重要的一步。我们需要知道的是，产品选择应该和客户一起完成，客户的需求是我们选择产品的重要参考之一。

在进行产品选择时，我还有一个建议，就是多找你的引荐人和团队长帮忙。特别是新人期的时候，你其他方面做得不好没太大关系，但产品不能选错。不同的客户有不同的情况和不同的需求，找到适合客户的产品是一项技术活。

四、方案制作

在选择好产品后，还需要进行方案制作。方案主要有 Excel 形式的、系统生成的计划书、脑图形式的、PPT 形式的、图文形式的等。不同形式的方案各有特点，没有绝对的好与坏之分。在进行方案制作时有一点需要注意，就是方案一定要清晰明了，方便客户阅读。

五、方案讲解

方案讲解很关键，有的人签单成功率高，就是因为方案讲解得好。我们应力求把方案讲清楚，并且客户喜欢听，听得开心且满意,做到这一点很难。

方案讲解是保险从业人员拉开差距的一环,也是保险销售过程中非常重要的一环。

六、协助投保

当客户决定购买保险后,我们就该协助客户投保了。我们应告诉客户需要准备什么、需要注意什么、如何做健康告知、如何设置被保险人和受益人等。

在协助投保的过程中要特别注意做好健康告知,做好核保也非常关键。我们协助核保的整体宗旨就是不出错,现在不出错,将来也不出错。

七、保单送达

在保单下来后,并不意味着我们的服务结束了,而是意味着新一轮服务开始了。

"保单送达"这一步要做的是让客户收到保单,并且学会看保单,知道里面的一些重点注意事项。同时,我们要教客户做保单整理，告诉客户有哪些增值服务与相关入口等。

如果有心，大家可以给客户提供纸质保单整理夹等。此外，这一步还需要协助客户做保单回执回访。

八、长期服务

保险的服务期限是与保单等长的，甚至可以说与客户的生命等长。一个完整的展业流程，其实没有结束的那一刻。只要保单在、客户在，我们就要持续服务。

未来保险人比拼的除了专业能力，更多的是服务能力。我们不应仅追求成为国内顶级保险顾问，还应努力成为值得客户终身信赖的人生伙伴。

因此，我们要做好随时服务的准备。

九、异议处理

这个放到最后说，是因为异议处理是贯穿整个流程的，每一步都有可能存在异议。其实，异议处理最好的方法就是将异议前置，我们最怕的不是客户有疑问我们却回答不上来，而是客户本来很在乎某问题，但是没有在一开始提出来。

以上就是我的展业与服务流程，也是我觉得大部分保险人都应该遵循的流程。当整个流程中每个环节都做好后，你会发现自己已经成为展业高手了。

第二节

让面谈成功率提升的 5 条经验

自入职以来，我和近 2000 个客户面谈过，其中与客户面谈次数最多的是 2018 年，那一年我平均每天见 2 个客户。

一、做真实的自己

这一点非常重要。很多保险新人，包括当时处于新人期的我，总担心自己表现不好，不敢轻易与客户面谈，担心客户提出的问题自己回答不上来，害怕客户因此觉得我不专业，而且很想学一些沟通技巧、话术，甚至学习穿衣打扮。最后我发现，做真实的自己最重要。

我最开始见客户的时候，总想效仿行业大咖，学他们的话术，学他们穿衣打扮，参考他们与客户面谈的地点，甚至模仿他们的表情动作，但效果真的不好。后来，我选择做回自己，以真实的自己面对客户，把真心的话讲给客户听。

再后来，我得到了认可，很多客户说喜欢我的真实。

其实，真实的不只是我，真实的是我和客户，保险配置这件事需要一个真实的保险顾问和一个真实的客户共同完成。

二、敢于表达自己的需求

大多数保险人在与客户面谈的时候，主要是想满足客户的需求。大家忽略了一点，那就是自己也有需求，自己的需求也很重要。一般情况下，你若清晰地表达出自己的需求，客户并不会反感，反而会提高你们做事的效率，并且能让客户更好地了解你、了解保险。

我在与客户面谈的时候有很多需求。比如，我需要客户如实地告诉我一些信息，从而更好地帮他分析险种与配置保险。又如，我需要客户安排好参与后续环节的时间，因为我很重视这件事，所以我们都要把时间安排出来。我会跟客户说需要业绩或者需要他帮我介绍客户，这就是我内心的想法，我用心为客户服务，主要原因之一是希望得到业绩上的回馈。

很多人说："你胆子真大，有些话藏在心里就行了，说出来干吗？"但我就是想把话摆在明面上，因为我想要的都是应该要的。我把内心的需求说出来，能让客户进一步了解我，了解我为什么这么努力，以及我以后会怎么做。试一试吧！勇于表达自己的需求，会让你与客户面谈的效率和成功率更高。

三、准备要充分

首先，我会准备充分的材料，如产品手册、保险产品对比表、合同样本、一些常用的单页等。所有的材料我都会自己"打磨"，也会及时更新与完善。这些材料十分方便客户更好地了解产品与一些知识，也能提升我的专业形象。

其次，我会对客户有一个比较充分的了解。比如，我会翻看客户的朋友圈，并且从头看到尾。我也会通过客户的头像、昵称、签名等细节来分析他的生活状况与性格。我还会在与客户面谈之前跟客户通个电话，做初步的了解。我希望在与客户面谈的时候能够更快地建立信任。

最后，我会预想可能遇到的问题，并准备好答案。比如，客户常见的异议应该怎么处理，客户不同的需求应该怎么满足，客户出现突发状况怎么应对。我是一个随机应变能力比较强的人，但我明白随机应变能力来源于准备充分。

因此，做好准备真的非常重要。

四、理解客户的任何观点

很多保险人认为自己十分权威，当客户的一些观点与自己的观点相悖时就会反驳。这是大忌。虽然客户的观点不一定正确，但客户所有的观点都需要被理解。

我见过很多保险新人跟客户面谈后不欢而散了。我们要明白一点，由于每个人的认知是不同的，过往的经历也不同，因此对同一件事的看法也不同，很多时候没有谁对谁错之分。

比如，到底是先给孩子买保险还是先给大人买保险？选什么样的公司？买保终身的还是买定期的？要不要买寿险？等等。我们的"专业视角"跟客户的需求与想法可能是不匹配的。

我们要做的是，在理解客户的前提下，说出自己的观点。记住，永远不要跟客户发生争执，应竭力和客户一起选产品，而不是与其辩论。

五、重视第一印象与"倒数第一印象"

大多数保险人都很重视第一印象,也都知道其重要性。我觉得对一个人第一印象的好坏并不取决于他的长相,或者他是否穿名牌衣服、背名牌包。对保险人来说,只要穿得整洁、得体就行了,不需要西装革履,也不用刻意做什么动作或者表情,展现自己真实的样子就好。

我特别想说明的是,"倒数第一印象"也很重要,"倒数第一印象"其实就是面谈过程中最后的印象。这里所说的最后的印象是不是面谈结束后的道别呢?不是,是你对这次面谈的总结与感悟。

我特别喜欢做的一件事是在见完客户回家的路上想一想整个过程,我很喜欢每个愿意了解保险的人,我觉得他们十分有责任感。

这算是一种复盘,也算是我丰富人生经历的过程。到家后,我会把我的感受写下来,然后发给客户。我写下的是我真实的感受,也是当下最想表达的感受。很多次客户买完保险后对我说:"对我印象最好的时候不是最开始,而是面谈结束后的'真情流露'。"

因此，大家在重视给客户留下良好的第一印象的同时，也不要忽略了"倒数第一印象"。

以上 5 点是我根据多年的面谈经验总结出来的"干货"，希望大家认真看，并且用心思考，虽然这里没有话术，没有告诉你们先干什么、后干什么，但相信我，这些东西比话术更重要。

第三节

怎样向客户介绍自己

我们都知道,第一印象非常重要。对保险从业人员来说,给客户留下良好的第一印象不仅会使客户产生与其继续交流的欲望,还会使客户主动配合工作,一起做好配置保险这件事。

保险从业人员给客户留下的第一印象主要来自自我介绍,而保险从业人员的自我介绍主要是介绍行业、公司、自己,简称"三讲"。如何做好这非常重要的一步呢?下面我分不同的情况跟大家聊一聊。

一、面对的是自己的缘故客户

由于缘故客户已经对你有基本的了解,因此与你交流时会很放松,并且他们往往能充分表达自己的观点。我的缘故客户不多,他们都对我有所了解,比如看过我的朋友圈,知道我是干什么的,并且知道我能提供很多产品。

当面对的是自己的缘故客户时，我一般会与其闲聊，聊一聊我为什么从事保险工作、进入这个行业的感受、帮助他人后的喜悦心情、我是怎样为客户配置保险的，以及大多数人是怎样购买保险的。

我了解过一些团队成员与缘故客户聊保险的状态，大部分都非常好，其实我们适合以这种状态与任何类型的客户沟通。我非常反感那种教科书般的"三讲"，比如很多保险公司组织的"三讲"培训、销售话术培训，我觉得介绍自己时不应仅把话术背出来，而是应让客户将我们说的话听进去，而且我们说的话应大多是客户关心的。

二、面对的是转介绍的客户

因为我与转介绍的客户之间有个介绍人，所以我一般会问转介绍的客户对我是否有所了解。

比如，我会问客户："×××跟您简单介绍过我吗？"对方一般会说："是的，他跟我说你这里有多家保险公司的产品，并且你很专业。"

我非常期待我的客户给我转介绍，我会对转介绍的客户说："真的非常感谢他把我介绍给您，要知道介绍一个保险顾问给朋友并非容易的事，如果不是这个保险顾问让自己非常满意或者非常放心，是不敢随便向朋友推荐的。他为我转介绍说明我这个人或者我提供的服务得到了他充分的认可。这不仅是对我提供的保险方案的认可，还是对我这个人的信任。因此，我会给您推荐同样优秀的产品，希望得到您的认可。如果您也能把我介绍给您的朋友，那就太感谢了。"

这是我发自内心的话，所有的转介绍都说明你对上一个客户服务到位了，或者你展现出来的东西被认可了。我们团队主推的产品不是佣金最高的，我们会尽可能为客户推荐一些价格低、总佣金低的产品，目的是让客户尽可能满意，买到适合自己且性价比高的产品，从而为我们转介绍更多的人。我会向客户明确表示，我提供好的服务、好的产品，不以赚高佣金为目的，就是希望得到"最高级"的认可，即可以为我进行转介绍的那种认可。

我还会对客户说："我之所以能给大家推荐这么多好产品，是因为我并非代表某个保险公司的利益，而是代表客户在全市场选产品，所以我推荐的产品不怕比较，我能做到尽量客观。除帮客户选择产品、配置方案外，我还会为客户提供良好的后期服务，我们会按照服务协议，为客户提供后期代办理赔、协助保全等服务。我希望您能成为我的客户，并关注我的成长，我会做得越来越好，给大家提供更专业、更优质的服务。"我会告诉客户，我能为他提供的比他的朋友介绍的还多，这是事实，并且这一点很重要。

三、面对的是陌生客户

在与陌生客户沟通时，不管是通过电话沟通，还是面对面沟通，最关键的是建立信任。当面对陌生客户时，我通常会询问是否了解过保险产品，或者身边有没有朋友做过保险方案。

一般客户的回复有3种：第一，身边有×××公司的代理人，推荐过×××产品；第二，看过某微信公众号的文章，也咨询过某付费平台；第三，没做过任何了解，突然觉得自己需要保险。

如果面对的是找过代理人的客户，我会继续询问代理人推荐了什么产品、保额是多少、保费是多少等。客户一般都会回复。客户得到身边的代理人推荐但没有买，肯定是有原因的。因此，我会接着问客户对代理人推荐的保险哪里不满意。客户往往也都会如实回答，如觉得贵、网上评价不好等。

我是保险经纪人，但我绝对不会诋毁任何代理人及其公司和产品。因为代理人通常会尽可能从他们公司所有产品中挑选最好的、最合适的给客户，只不过客户不满意。我会对客户说："这个代理人非常不错，给您推荐的险种都是您需要的，而且是他们公司最好的、最合适的产品，您不满意是因为他身份所限，只能销售该家公司的产品。而我可以为您提供更多的选择，这得益于我所在的公司，我所在的公司是中国第一家经营人寿保险的经纪公司，而且与上百家保险公司合作，提供上千款产品，同时公司的服务与业务品质在行业内首屈一指，这也是我能提供好产品的底气。"

我想对保险新人说，经纪人也好，代理人也罢，都想给客户提供最好的方案，也都在自己力所能及的范围内做这样的事，所以不要彼此攻击。我们有底气说出能说服客户的话，主要依靠的是公司的强大及为我们提供的支持，我们应该把产品知识和自己的态度准确地传达给客户。

如果陌生客户看过网络大V发布的关于保险的文章或者咨询过付费平台，那么我很欣赏他们。现在找身边的熟人买保险的人很多，而通过互联网或者保险经纪人买保险可能是趋势，客户愿意尝试非常可贵。我会跟客户说："我非常欣赏您，您会主动去网上学习专业知识，也知道付费找专业的人做专业的事。这种行为可能是不经意的，但最后一定会让您受益。"

我也会对客户说自己跟网络大V、付费平台的区别："我跟他们有很多相似的地方，比如他们卖的产品我也有，甚至我们会提供一样的方案。

"我与他们最大的区别是我看得见、摸得着，不像网络大V，你能看见其发布的文章，却看不到他本人，一些付费平台也是，虽然有联系方式，但背后是谁并不清楚。

"此外，我的产品更丰富，我除了能提供线上产品，还能提供线下产品。"

这些话没有半点虚假，总之我一直向客户强调，可能比保单更重要的是我这个人，我很少对客户说我多么优秀，但我会对客户说如果成为我的客户，我要陪伴他们很久。

我会对从来没了解过保险的客户说："您人生中第一个保险顾问是我，您真的非常幸运，我愿意给您普及一些基本的保险知识，也会给您推荐一些好产品，但我希望您不要着急购买，要多学习、多对比，有任何问题可以第一时间咨询我。我虽然知道自己是最适合您的保险顾问，但我也希望您慢慢了解我，慢慢增强对我的信任。"

这是我遇到保险"小白"时的真实想法，我真的希望他把所有疑虑都消除、所有不懂的知识都搞清楚后再去购买保险。我不奢望他立马选择我，而是希望他能先对我有基本的了解。接下来，我会按步骤详细介绍公司、介绍自己。

总结一下，好的自我介绍就是展现出真实的自己，记住每个人都有闪光点。在面对缘故客户时，我们感到十分放松；在遇到转介绍的客户时，我们心中十分感恩；在碰到陌生客户时，我们应多往好处想，也应尊重客户的想法与选择。

我们给客户介绍的所有东西都应不虚假、不包装，说话不要太生硬，不要单纯背话术。双方有效交流的基本前提是真诚、用心，让人感到舒服的沟通过程需要彼此带着善意与对美好的期待。

因此，良好的沟通靠的不是话术、方法或者套路，我们应努力让自己变得更好，成为自信的人，然后把自己真实地展现出来。

第四节
好的客户需求分析应该怎样做

我发现,大多数保险人在客户需求分析方面做得都不错,这也是公司及所在团队会重点培训的。但大家所做的客户需求分析大部分都是教科书式的,这是展业最大的问题。

我们应该灵活变通,虽然我们做需求分析是为了更好地为客户服务,但是不能要求客户全力配合,客户的顾虑也应该理解,如果客户不方便填表,我们就应通过其他方式获取想了解的信息。

在进行客户需求分析时,我们可以从以下几个方面入手。

一、了解家庭成员的性别、年龄

通过了解客户家庭成员的性别、年龄,可以帮客户分析每个家庭成员所需要的保障。我们会遇到单身客户、新婚未育客户、上有老下有小的客户、丁克家庭、老年家庭等。

客户的家庭结构不同,需要消除的风险也不同。需要注意的是,我们应不盲从各种教条,不能理所当然地认为某种家庭情况就需要某些产品，要考虑客户的主观感受。

比如，客户虽然上有老下有小，但他不想给作为家庭支柱的自己买保险，就是想给孩子买保险，我们要理解客户，可以给客户提专业性建议，但要知道每个人的想法不一样。

二、了解家庭成员的健康状况

我们通过第一步可以了解家庭成员可能需要消除什么风险，脑海里应有对应的险种，而健康状况关乎他们是否能购买理想的险种。

如果花费大量时间分析了需求，最后发现客户由于身体原因买不了，那么前面的努力就白费了，所以应提前了解家庭成员的健康状况。当然，并非所有的客户都愿意如实告知自己的健康状况，但你一定要提醒到位，对其说明如果未如实告知会对其带来哪些不利影响，劝说客户尽量配合。

三、了解客户的经济状况

了解客户的经济状况有助于我们发现其风险缺口。

我们需要了解的信息主要包括客户整个家庭的年收入、家庭负债、理财情况等。

此外，我们还要分析客户的收入构成及工作性质。

我们需要了解，如果一个人失去了工作能力，对家庭收入的影响有多大。在了解房贷这种负债时，也要考虑是不是有公积金可以覆盖，或者有父母或者其他人帮着还。我们要明白这些信息背后的逻辑是什么，以更准确地做出判断。

在协助客户确定保额的时候，大家喜欢参照教科书。比如，重疾的保额为3~5年的收入，定期寿险的保额参考负债加几年的年支出，或者拿出一个标准普尔图对客户说要拿10%的钱购买保险，或者根据"双十原则"，直接建议客户用年收入的10%购买保险，保额为年收入的10倍。

客户真正需要多少保额，应该和客户一起分析确定，同时要考虑客户的实际预算，至于具体怎么跟客户分析，后面我会讲。这里只是告诉大家不要死套公式而忽略客户的实际情况。

四、了解客户已经拥有或了解过什么保险

了解客户已经拥有什么保险是为了防止我们为其配置重复

的保险。除了帮客户配置新保险，也要看一下之前客户购买的保险是否符合其需求，包括社保、单位给上的团体保险及自己购买的商业保险。

了解客户曾经了解过哪些保险或者对保险的认知，可以让我们知道客户具备哪些保险知识，客户已经掌握的知识就不用再讲解了。大家也可以从客户了解过的产品入手，接着进行"三讲"，跟客户一起探讨对保险公司、产品价格、保险责任的倾向。

五、确定家庭的主要决策人

很重要但容易被忽略的一点是，我们的客户大部分是家庭客户，有时候会出现家庭里某个人觉得一款保险产品好、十分合适，但是其他人不认同的情况。

有的家庭是某个人完全不管，配偶决定就好；有的家庭是夫妻二人都有自己的想法，都有决定权，不管配偶同意与否，至少自己可以决定自己购买哪款保险产品。我们应确定家庭的主要决策人，从而有针对性地进行沟通，满足不同人的不同需求，这一点很重要。

六、和客户一起确定需求

很多同业容易犯两个极端的错误：一是觉得自己是保险顾问，把自己的想法强加给客户，根据自己学到的知识帮客户确定需求；二是过于顺从客户，哪怕客户提出不合理的需求也不否定客户。

保险顾问应该和客户一起确定需求，帮客户进行理性的分析，同时理解客户的感性需求。大家要知道，保险方案并不是一次就能确定下来的，也要明白保险并不是一次就能配置齐全的。

在进行需求分析时，客户与你最好都在进步、都在学习，客户在学习与保险相关的专业知识，你在学习如何更好地了解并理解面前的客户。少了任何一方的努力这件事情都不会做好，应把理性与感性结合起来。保险服务是需要专业知识的，而我们提供的服务应该也是有温度的。

第五节

如何帮客户从海量产品中挑选合适的产品

这是很多保险新人都会问的问题。有时候产品太多,给客户和保险顾问造成了困扰,因为看这个产品挺好,看那个产品也不错,各有各的优势,一时不知道如何选择。有的保险顾问会把难题抛给客户,让客户自己做选择;有的保险顾问会犹豫不决,不知道该帮客户选择哪个产品。这些都会影响我们展业。

关于帮客户挑选产品,我给出以下几点提示。

一、建立一个属于自己的产品库

保险产品之所以那么多,是为了满足非标体的投保需求,或者客户的某些特定需求。如果遇到标准体,或者情况比较简单的非标体,各家保险公司核保差不多,我们会考虑推荐自己产品库中的产品。

有人问："每个保险从业人员产品库中的产品都一样吗？"我做过调查，了解过我们公司业绩突出的人的产品库，比如重疾产品有100款，大家选的前5款产品基本一样，但是排序不一样，特别是排在最前面的那款产品区别很大。这说明有一批产品属于头部产品，优势很明显，如果选择5款产品，大部分人都会选择这5款。这几款头部产品各有特点，比如从10个维度对产品进行分析，所有产品总分一样，若某款产品有9个维度是9分，有1个维度是10分，而获得10分的维度正好是你最看重的，那么这款产品对你来说就是最优选。

我还发现一个现象，就是团队长的产品库会影响团队成员。因为保险新人最开始接受培训时，接触最多的就是团队长，所以其选品方法与原则会对保险新人产生影响。对保险新人来说，刚开始使用团队长的产品库是极好的，有助于顺利开展工作。

产品库中的产品应随着自己经验的积累及产品的更新换代而调整，但不管怎么说，你放进产品库的每款产品都应有选择的理由，这个理由不仅要能说服客户，更重要的是要能说服自己。你也可以看看绩优者的产品库，或者通过各种渠道了解保险产品销量排行，一般销量高的产品差不了。

二、要对自己及挑选的产品有信心

你要相信，放在产品库中的产品，或者你挑选出来的最优产品比客户能找到的 90% 的产品都要好，同时客户遇到你，比他遇到其他保险顾问要好。自信让我们充满力量，在心中腾起无尽的希望。

我们要相信自己给客户推荐的保险产品既是适合客户的，又是可以在全国排上名次的；我们还要相信，在众多保险从业人员中，自己是非常优秀的。大家一定要自信，不要犹豫不决、畏首畏尾。

一些比较好的发型师或化妆师在为客人服务的时候，绝对不会犹豫，因为他们技艺高超，知道什么样的发型或妆容适合客户，他们丰富的经验为做的每个动作提供了支撑。保险顾问可以吸取前辈的经验，站在巨人的肩膀上快速成长起来。只要不懈努力，你就一定能成为优秀的保险顾问，你与你推荐的产品对客户来说就是最好的。

三、不要什么都让客户选择

很多保险新人有个通病——喜欢把几个产品抛给客户，让客户自己选择。我经常对保险新人说，如果客户会选择，那么要我们干什么。保险顾问最不专业的表现就是选择产品时犹豫不决。

有的保险顾问出于好心，想把所有产品的利弊剖析给客户，但剖析利弊这一环节应在进行需求分析时完成，在选择产品之前就应与客户沟通好。

就像一个人生病了去医院找大夫开药，治疗一种病的药可能有多种，但肯定没有大夫会说："我们有10种药，它们的利弊分别是……你自己选一种吧。"大夫一般会问患者是否对哪些药过敏（排除一些不能吃的药），然后问之前吃过什么药、效果如何（分析特定药的效果，考虑换其他药）。通过询问一些简单的问题，再结合客观的检查报告，大夫能做出明确的诊断，从而开出适合患者的药。虽然这个过程看起来简单，但十分需要技术。

在考虑是否将一款产品放入产品库时，应看其是否适合大多数人，产品库中的产品应该是面向大多数人的。

我们为客户推荐的产品应该是经过认真对比的，因为没有利益驱使（同类产品的佣金差不多），所以选择某款产品肯定有充分的理由，如投保条件好、价格好、服务好、公司好等，而且能够向客户具体说明。

此外，我们推荐的产品应符合客户的需求，在给客户推荐产品之前，应精准做好需求分析。需要注意的是，客户的需求可能会发生变化，我们推荐的产品也应随之调整。

总之，我们应帮客户选择出适合他的产品并告诉他理由，而不是提供多款产品让客户选择。

四、尊重客户的需求

我上大学的时候曾经兼职卖过电脑，那时我深刻明白客户的需求是多样的。记得当时我们有一款电脑性价比非常高，配置好，价格较低。有一个人带着女儿来买电脑，我给他们推荐了这款电脑，因为在我这个专业人士眼中，这款电脑超值。但这个人的女儿想购买另外一款电脑，那款电脑配置较低，价格还高。她选择那台电脑的原因是，外观好看。我给她详细分析了这两款电脑的优势与劣势，但她还是坚持购买那台好看的，我就把那台好看但性价比低的电脑卖给她了。

帮客户选择产品也一样，比如客户对某项指标有要求，虽然从专业的角度来说这项指标不重要，我们可以提出专业的建议，但一定要理解并尊重客户的需求，如果客户坚持自己的选择，那么我们一定要满足。

一款产品真的不是保险顾问觉得好就够了，还应让客户觉得好。客户评判的视角和保险顾问不一样，我们应做的是给客户提出客观中肯、有针对性的建议。有的客户可能会完全采纳你的建议，但大多数客户会提出自己的想法，可能他自己也知道他的想法不成熟，我们可以告诉他正确的思路，他若还坚持自己的想法，我们就应在尊重他的想法的前提下给一个最优解。

要让海量产品成为你的武器，而不是包袱。

如果你还没有产品库，那么应立即从海量产品中选择部分产品建立自己的产品库，结合客户的需求，为他们提供专业、优质的解决方案。

第六节
如何做好方案呈现与讲解

我们帮客户配置好方案后,需要将其呈现给客户。我曾经了解过一些同事的方案呈现方式,发现多多少少都有问题。这方面看似不重要,殊不知做好了对成单有很大的帮助,如果做不好,很可能之前的努力都白费了。下面我对方案呈现与讲解做一些总结。

一、尽量不要呈现多个产品

除非客户要求,否则不要一下子在方案中呈现多个可选择的产品。很多保险新人会同时在方案中呈现多个可选择的产品,因为他们觉得每个产品都不完美,都有各自的优缺点,觉得 A 产品不错,B 产品还行,C 产品也可以,于是把几个产品都呈现给客户。如果作为专业人士的我们都无法替客户做出选择,那么不懂保险的客户更不知道如何选择了。

我有一个组员就存在这个问题,在给客户呈现方案的时候犹豫不决,从而导致客户也犹豫不决,甚至有些客户就直接购买其他人推荐的产品了。你并非客户唯一的保险顾问，客户可能同时接触好几个保险顾问，你犹豫不决的时候，其他保险顾问可能已经给客户极力推荐了某个产品（如D产品）。

虽然你给客户提供的A产品、B产品、C产品任何一个都比D产品好，但客户从极力推荐D产品的保险顾问那里获得了踏实的感受。因此，你希望客户自己选择一个最好的产品看似是为他好，但最后导致客户购买了不合适的产品，实际上办了"坏事"。

二、方案不应拘泥于某种呈现方式

很多人问我用什么样的方式呈现方案比较有效，我十分愿意分享，但实际上没有固定的方式。我给大部分客户呈现的方案是Excel表格，给某些客户呈现的方案会采用PDF格式，对一些客户会直接发产品链接。

我会根据客户的具体需求及我的便利性决定采用哪种呈现方式。比如，客户只需要一个百万医疗险，没必要做详细的方案，那么直接给他发个百万医疗险的链接就行，从中可以看到产品的所有信息。

如果客户需要详细的产品对比分析，那么我会为其提供非常详细的方案书，以方便客户反复研究。我们没必要拘泥于某种呈现方式，也没有最好的呈现方式。比如，我不太喜欢依靠脑图或者所谓专业的家庭计划书系统，但是很多人喜欢且使用体验良好。

三、呈现的方案应简洁易懂

我不喜欢软件生成的方案书，因为太复杂，一份方案书很多页，大部分内容是购买保险的理念及相关图等，还有一些内容是对保险顾问的介绍，以及部分人生格言。

有的保险顾问认为方案书生成软件十分好用，他们觉得展示的内容越多越好。可见，任何事物都有其存在的价值和意义。但客户最想看的是实实在在与产品相关的内容，如家庭成员保险配置及具体保险责任、保障期限、保额、理赔条件等。

有的同业制作任何方案书都习惯使用Excel，但把每个家庭成员单独建一个页面，客户查看时需要一个个点开，看到下一页可能就忘了上一页，这一点我觉得不太好，我们应尽可能让客户少操作。方案书中的内容一定要让客户看懂，一些不太容易理解的专业词汇最好换成容易理解的。

四、方案讲解很关键

我们做方案的目的是让客户了解产品，最好让客户理解我们为什么这样做方案。很多客户自己看方案是看不懂的，需要我们讲解，所以方案讲解非常关键。

很多同业可能遇到过一个问题，就是客户拿到方案后说先看看，然后就没消息了。其实，客户很可能对方案不太满意，比如客户一看你做的方案中都是没听过的公司的产品，并非自己需要的，就可能直接不给你讲解的机会。

我建议大家和客户约定好后再做方案，在完成方案之后，询问客户什么时候有时间查看方案，即可以花费约20分钟时间和客户针对方案进行沟通。

在给客户讲解方案的时候一定要注意收集客户的反馈，不要跟客户发生矛盾，即使客户有不正确的理念，也不能立马反驳他，更不要以教育的口吻与态度和客户交流。

第一次进行方案沟通的目的不是让客户认可你的理念，而是你在讲解为什么这么做方案的同时，了解客户对方案的看法和意见，并对客户的所有想法表示理解。

若客户针对方案提出疑问，表达自己进一步的需求，则说明客户真的有需求，真的想要一份完善的方案。

五、你认为好的方案在客户看来不一定是好的方案

一个方案哪怕你觉得再好再完美，若客户不认可不购买，也没有任何意义。当你服务过足够多的客户后就会发现，每个客户的想法与需求是不一样的，哪怕是客观条件相同的客户，最后愿意接受的产品也可能差别非常大。

我们不能带着"主观思维"做方案，不能把自己的喜好当作客户的喜好，把自己认为好的方案当作客户也认为好的。我们还需要向客户说明，自己是基于已经知道的客户的需求做的方案，如果客户的需求有变化，应及时告知，以便及时调整方案。我一直强调最好的方案是跟客户一起配置出来的，要想办法让客户参与进来。

总而言之，对于方案的呈现，我们不用拘泥于特定的方式，但是要注意方案应清晰、简洁，尽可能让客户不进行复杂的操作就能了解整个方案。在给客户呈现后，一定要进入讲解环节，这是进一步沟通的基础，也是进一步完善方案的基础，不要代入过多的主观喜好与情绪，也许最后确定的方案不是你认为最完美的，但至少是在客户满意的前提下最完美的。

第七节
如何"催单"

很多保险新人问我:"李老师,我给客户发送了方案,也给客户讲解了方案,但客户突然没消息了,我应该如何催客户啊?什么时间催比较好?"

这不仅是保险新人面临的难题,也是很多从业很长时间的人面临的难题。

一、"催单"不是催客户购买

"催单"是业内常使用的名词,其实我非常不喜欢"催单"这个词,"催"给人一种对方不愿意行动,或者现在还没做好决定,但非要催促对方赶紧行动的感觉。

事实上,"催单"并不是催客户购买,而是希望跟客户进行进一步的沟通。

我认为保险配置这件事应该让双方感到愉悦,双方应该一起努力,这是一件对双方都有利的事。

要明白,我们的目的是让做了一半的事有所进展,而不是成功签单。

二、别骚扰,也别太"佛系"

骚扰就是在客户明确表示需要考虑或者暂时不需要保险的情况下,还不停地跟客户沟通、介绍产品或者催促购买。如果面对的是陌生客户,这种情况比较少,因为若对客户造成骚扰了,很可能客户立马就把保险顾问拉黑或者从好友列表删除了。但如果面对的是亲朋好友,这种情况很常见。虽然有可能朋友碍于面子且想要赶紧"打发"走催单的人,随便购买了保险,以后这个保险顾问的口碑也会受到影响,因此骚扰客户得不偿失。

有一部分保险从业人员不仅可以做到不骚扰客户,还可以做到非常"佛系",总认为"客户如果需要就会主动联系我"或者"如果我催客户,客户会很烦我",于是什么都不做,默默地告诉自己:"该是我的就是我的,不该是我的催也没用。"

殊不知,在很多客户看来,长时间不联系说明不关心,很多客户是希望保险顾问主动联系自己的。

三、遵循"一起上楼梯"理论

我干了多年的销售工作,在各家公司的业绩都不错,其中有一个理论我觉得适合所有行业,那就是"一起上楼梯"理论。简单地说,就是开始我们和客户在同一个地方,想到达同一个高度,如我们开始都在一楼,目标是爬到6楼,6楼代表签单。我们要做的是,我们走一步,客户走一步,我们上一层,客户上一层,或者客户先走,客户上一层,我们上一层,总之要一起前进,不能一方走得太快,而另一方停滞不前。

保险业的催单好比客户突然不走了,我们想办法让他走。这时我不建议生拉硬拽,而是建议先找到原因。

我建议大家换位思考,如果你是客户,一般在什么情况下会停滞不前。

具体来说,有以下几种情况。

第一种是客户本来就没有需求,但是碍于情面,还是听你介绍产品了,然后跟你说"考虑考虑""再看看""有需要找你"等。

第二种是暂时没有做决定,觉得买之前主动权在自己手中,买之后只能"任人宰割",所以十分谨慎,在下定决心之前不行动。

第三种是对你不满意,对你的方案不满意,或者说你并没有满足客户所有的期待,所以客户不行动。

第四种是客户主观上接受了,但是客观上有很多因素还在阻止他购买或者进行下一步,他需要时间解决自己的问题。

当我们分析完这些后,就可以理解客户的所有行为,包括这种停滞不前的行为了。其实,若客户告诉我们实情,我们都能接受,但是客户没有说。一是客户觉得说了以后可能对他有不利影响,比如跟你搭上话,你又要不停地骚扰他;二是客户觉得说了以后对你有不利影响,比如你会生气等。事实上,双方都应如实表达自己的想法。

四、如实向客户表达自己的想法

我们的想法很简单,想知道客户停滞不前的原因,然后规划下一步的行动,并且我们真的不想也不会过多打扰客户,更不会生气,总之不会有任何负面情绪。

我想强调的是，虽然业内有很多"催单话术""逼单方法"，但是我觉得卖保险应该多一点真诚、少一点套路，应把自己的所想所感如实告诉客户。

你既可以告诉客户为什么想要回复，也可以告诉客户自己真的可以接受任何结果，希望彼此真诚相待。有的保险顾问想掌握具体的沟通方法，如"几天与客户联系一次""对客户说什么样的话"等。事实上，应对具体情况进行具体分析，如果卖保险有公式，我们早就被机器取代了。

我们不敢轻易"催单"是真的，希望客户给予反馈也是真的。如果你此时此刻有话对客户说，那么直说就好，不用过多考虑怎么说，要知道你在跟客户一起做一件事情，而做好这件事情的前提是彼此坦诚，而很多时候我们要先坦诚。

五、向客户要"行动承诺"

"行动承诺"是什么？是答应你做一些事情。比如，我在卖设备时，在与客户沟通完之后会对客户说："可否让技术部门汇总一下具体需求，我两天后来沟通一下。"也就是说，在一次拜访结束后，我没有单纯说下次见，而是让客户具体做一件有助于业务进展的事，并且约定好时间。

卖保险也一样，我们可以对客户说："可否准备一下您的健康异常报告，我们后天上午 11 点沟通一下。"如果客户答应了，就在那个时间继续沟通；如果客户说那个时间不方便，就继续跟客户约合适的时间。

为什么向客户要"行动承诺"呢？这就像拉着客户上楼梯，你慢慢会发现，如果每走一步都把下一步怎么走、什么时候走定好，就不用去"催单"了。

以上就是我想跟大家说的话，既有心法也有技法，希望对大家展业有所帮助。

第八节
如何服务线上客户

以前，保险从业人员做的主要是熟人生意，保险产品主要卖给自己的亲戚朋友，人们想买保险时也通常先咨询身边的保险从业人员。

随着时代的发展，互联网成了保险销售的新渠道，保险从业人员可以通过互联网展示自己和保险产品，不少人通过互联网寻找自己信任的保险顾问。

如今，越来越多的保险从业人员意识到线上展业的重要性，开始在微信公众号上发布文章、在抖音上发布短视频，希望借此拓展客源。

但他们会发现，服务惯了线下客户，很难适应服务互联网上的一些客户。我是一个以服务线上客户为主的保险经纪人，下面跟大家分享一些服务线上客户的心得。

一、我们会遇到各种各样的客户

当你打算服务线上客户的时候，就要做好准备。这时不再是你选择客户,而是客户选择你,而且什么样的人选择你是不可控的。

有的人会对你很尊敬,和你说话十分客气;而有的人会对你恶语相向。

有的人会认真倾听你的专业讲解;而有的人固执己见,毫不听劝。

有的人会让你觉得这个行业太好了,既能帮到人,也能成就自己;而有的人会让你觉得这个行业没有未来,处处艰难。

服务线上客户比服务线下的缘故客户更需要耐心,更需要专业知识,更考验自己的综合能力。

服务线上客户没有大家想象得那么难,但也肯定没有一些人想象得那么简单。

二、客户找的保险顾问不止你一个

我们有时买生活用品都会货比三家,很多客户在网上找保险顾问也不会只找一个。因此,我们除了需要给客户配置好的方案,还应从其他方面提高我们的竞争力,如服务及时且专业及让客户更放心、更踏实等。

很多同事说自己平时服务缘故客户的时候，基本上谈一个成一个，但是服务线上客户的时候，成功率很低。这是因为缘故客户信任你，即使有更好的选择，他们也会念在人情上和你成交。

但若面对的是陌生客户，你没有被信任的基础，而且你的竞争对手很多，除了你所在公司的保险经纪人，还有其他公司的保险经纪人，以及保险代理人、各大网络平台的保险顾问。

我有一些同事就对某些平台十分不满——为什么它们招一些高中毕业生，培训7天就能上岗卖保险，为什么这些人使用同一套产品方案也能成交？

虽然他们培训7天就上岗了，但他们把客户的心理研究得很透彻，对客户常问的问题也十分了解，什么时候打电话、打多长时间、什么时候跟进、如何讲解方案、如何介绍自身优势等都进行了系统的培训，所以在客户看来他们很专业。

通过这一点我想说，我们会面对各种各样的竞争对手，只有做得十分出色，才能从激烈的竞争中获胜。

三、服务网络客户也可以有温度

对于服务客户，我对自己的要求有两点：一是专业；二是温暖。专业是前提，也是我们要努力夯实的基本功，而温暖需要我们发自内心地认可和热爱这个行业，发自内心地想为"需要你帮助的人"提供帮助。

互联网是没有太多温度的，但网络两端的人是有温度的。虽然客户购买的主要是解决方案，但最后客户决定购买的时候，往往不仅是因为方案满足了其需求，还因为获得了好的感受，而好的感受源自有温度的相处与服务。

四、不要把客户划分为三六九等

虽然保费有高低、保单有大小，但是客户没有重要和不重要之分，我们应平等地对待每个客户。

不管客户预算多少、收入多低，哪怕预算只有500元，也要用心为他服务。我用于小客户的时间与精力远远多于大客户，因为小客户更纠结，问题更多，更精打细算，但我不会有半点不悦或者嫌弃，也不会用各种方式筛选客户。

你会发现，这些看似对你的业绩不能提供太大帮助的客户，却能让你真正成长，让你更好地感受这个行业的意义，也会让你得到更多的认可与感激，而这些到后面都会给你带来回报。

五、熟悉热门产品

在为线上客户提供服务时，我们应熟悉热门产品，特别是一些网红产品，因为大多数线上客户都看过一些有关保险产品测评的文章，而写这些文章的大V介绍的基本是网红产品。

有的保险顾问认为网红产品不好，认为自己推荐的产品在某些方面更有优势，但这不是你不去学习新产品的理由。

我听过很多同业说："网上推荐的保险产品不靠谱。"我只能苦笑着摇摇头。互联网销售模式越来越受大众欢迎，在市场上占据着越来越重要的地位，如果想服务线上客户，只依靠手中的线下产品可能会被市场淘汰，并且谈不上客观中立。

市场上的保险产品很多，学习产品很累，但学好产品能让你与其他人拉开差距，而且这是你的职业对你的基本要求，如果客户比你专业、比你懂得多，你也就没有从业的必要了。

六、拥抱互联网

卖保险本来就是一件很难的事情，自然把保险卖给线上陌生客户更难。

虽然难，但我们可以通过努力，通过采用恰当的方法，通过用心，通过提供有温度的服务来获得客户的认可。

保险业比较公平，在这里你过往的资历不重要，你的出身背景不重要，你的相貌也不重要。

因为难，所以我们应尽早尽快拥抱互联网，早一天体会，早一天行动，早一天成长，早一天成功。

不管是服务哪里的客户，你需要认同自己，然后做各种自己认同的事。

第九节
把问题处理放在异议处理之前

我不太喜欢"异议处理"这个词，但这个词在行业中经常应用。

我觉得客户有异议是非常正常的，我们也谈不上去处理异议，其实就是解决客户的问题。下面我想讲的是如何正确解决客户的问题与疑虑。

很多客户的问题是相同的，代表了大部分客户对保险的关注点与疑虑点。因此，很多老师会教一些新人，遇到这个问题怎么回答，遇到那个问题怎么回答，也就成了背话术。

如果回答得正确，没有误导客户，具有良好的效果，那么我不反对背话术，但是我发现采用这种方法往往效果不佳，因为很多客户在问这个问题的时候，已经知道你会怎么回答了。此外，这样可能导致一种结果，就是客户虽然有疑虑，但不会问你，而是直接将你淘汰。

一个客户在找我之前已经找过一个保险代理人和一个保险经纪人，而且这两个人都是他的朋友。他先找的某知名公司的代理人，这个代理人在为客户服务的过程中得知客户认识保险经纪人，就对客户说："保险经纪人只会推荐一些小公司的产品，那些公司的产品责任条款、理赔都不好，但是佣金高，而且很多大公司的产品，保险经纪公司卖不了。"

客户还是打算找保险经纪人朋友试试，他的保险经纪人朋友在做了简单的需求分析后就给出了方案，果不其然，推荐的都是一些没听过的小公司的产品，客户看了后直接不和他联系了。

我问这个客户为什么不再和这个保险经纪人联系了，客户表示这个保险经纪人的确如他的代理人朋友所说，只卖小公司的产品，这些产品肯定佣金高。客户觉得这个保险经纪人在坑他。

我又问客户为什么不把自己的想法跟保险经纪人说一下，客户说："他肯定会说自己推荐的如何好，后面肯定有一套说法等着我，我怕被忽悠。"我非常理解这个客户，也为那个保险经纪人感到可惜，那个保险经纪人应该知道如何回答客户的问题，但他完全没有机会回答。

因此，我们不应该等着客户提出异议，而是应该把异议处理前置，既然知道客户在乎什么、担心什么、我们会遭受哪些误解、一些同业会怎么说我们，就应该提前把真实情况说清楚，不用等客户问。

这并不是套路，而是一种好的工作方法，这种方法不仅有助于工作的开展，还有助于客户了解他真正想了解的。

比如，若想处理保险经纪人只卖小公司的产品（这几乎是所有客户都担心的）的异议，在给客户做需求分析的时候，就应该问客户对保险公司有什么要求，是在乎品牌还是在乎产品的性价比。我们可以以此为话题，引出自己可以卖各家公司的产品，不管是品牌大的还是品牌小的、规模大的还是规模小的。

我们要跟客户一起选产品，不要一上来就说哪类产品最好，我们要做到中立，中立的特点就是不根据自己的利益与喜好帮客户选产品。大家不要等客户来问我们问题，而是应提前把客户常问的问题主动提出来，并为客户当面解答。

关于是不是保险经纪人都倾向推荐佣金高的产品问题，其实同类产品的佣金率差不多，我推荐的一般是价格较低的，也就是佣金相对低的产品。很多客户都有这个疑问，但一般不会主动问。

我一般会主动点破这一点，问客户："很多客户都担心我们会推荐佣金高的产品，您没有这个疑虑吗？"一般客户会笑着表示确实这样认为。

接着，我会告诉客户实际情况，同样保额的重疾险，我这里有卖 1 万元的，有卖 1.5 万元的，其中 1.5 万元的是知名公司的产品，二者的佣金率一样，卖 1.5 万元的产品我赚得更多。

但很可能 1.5 万元的产品责任条款还没有 1 万元的好，如果我给客户推荐 1.5 万元的产品，客户以后发现了这一点，那他以后会不会退保不说，至少我在客户眼里没有任何存在的价值了。我希望把真正的好产品卖给客户，第一次可以少赚钱，以后如果客户发现我是真心为他考虑的，会给我介绍客户，这样我会获得更高的佣金。

有人说我们获得的佣金高，其实也对，但这里的佣金高不是指从一个客户那里赚得多，而是从一个客户那里赚得少，却得到了很多客户的认可，并且给我们转介绍了更多的客户。

还有一点我想说，在解决客户的问题的同时，一定要理解客户为什么有这个问题，并且要理解客户的任何决定。

有些人做任何事都要评判对与错，而且对与错的评判标准是自己的认知。这样做事只关系到自己的时候无所谓，但身为保险顾问，我们在服务客户的时候，一定不要把自己的想法强加给客户，而是要尽可能理解客户的想法。

因此，我也会卖一些我觉得不是最好的但客户就是想要购买的产品，我们能做的就是清楚地告诉客户利弊，最后尊重客户的选择。其实，任何保险产品都没有绝对的好与坏。客户购买哪个保险产品是由很多因素决定的，而我们要做的就是帮客户尽量客观、专业地解决他在乎的问题。

"异议处理"最重要的不是背话术、背问题的答案，而是明白客户为什么问这些问题，我们为什么要解答这些问题，以及如何把我们想说的话说出来。

我们要理解客户心里有疑问但不会问的，要理解客户担心的而"我们觉得不用担心"的事，要理解客户想购买的产品与我们认为好的产品可能不一致这件事。总之，我们应把问题放在前面讲，如实地讲，展现专业与真诚，相信客户看得见。

第五章

客户与业务的常见问题处理

第一节
为什么客户突然没有回音了

我听过很多同事抱怨,给客户提供方案后就没消息了,或者跟客户聊着聊着突然不回复了,又或者客户之前都准备投保了,又突然没回音了。他们问我是否遇到过类似的问题,我回答当然遇到过,特别是新人期的时候。他们又问我是否有好的解决方法,方法确实有,但应对不同的客户采取不同的应对措施,这里仅聊聊我的想法。

我先讲一个故事。以前我租房的时候,添加了几个房产中介的微信,我觉得他们可能有独家房源,不想错过好房子。

刚开始我会正常地跟他们接触,有时间就去看房。但后来我也有不回复消息的时候,有时是因为他们给我发微信的时候我正在忙,忙完就忘记回复了。此外,有时候我不回复是因为我觉得他们公司不行,如手续费太高了;还有一种情况是我不喜欢那个房产中介,于是干脆不回复。

现在回想起来,我觉得真的应该给他们一些回应,我深刻地理解了他们当时的感受。当时的我貌似没有意识到自己的做法不妥,现在由此联想到我的保险客户,因此他们没有回音我也可以理解。因为我作为消费者的时候也会这样，所以我知道这是正常的。

那么，客户不回复消息的原因是什么呢？下面我给大家提供几个思路。

一、客户收到你的消息后，放下手机干别的

这种客户一般没有把配置保险这件事当成近期迫切需要解决的事，或者客户并没有觉得不回复你消息会导致不良后果，还可能是客户不想回复，怕回复后又要说半天，但他那个时候不想聊天，所以直接不回复。

二、客户对你的方案不满意

一般来说，客户身边不止一个保险顾问，他在咨询你的同时也可能在咨询别人。客户可能有个朋友是保险代理人，这个保险代理人对他说："保险经纪人推荐的都是一些没听过的小公司的产品，并且服务差，买的时候便宜，而理赔太难。"

虽然我们知道自己并非只推荐小公司的产品，更知道自己推荐的产品理赔率很高、理赔很快，但客户不知道。

这个保险代理人可能继续对客户说:"保险经纪人推荐的小公司的产品,别看便宜,但是佣金高,他们只推荐佣金高的产品。"虽然我们知道同类产品的佣金率差不多,推荐价格低的产品导致佣金很低,我们之所以给客户推荐是因为产品适合客户,但客户不知道。

这就导致客户对保险方案不满意,比如客户觉得某个险种不好,但你提供的保险方案里有,就会抵触整个保险方案。客户还可能对产品价格不满意,如产品价格超出了他的预算。

三、客户对你这个人不满意

如果你动不动就反驳客户,或者在很多地方表现得不专业,或者客户对你的价值观不认同,或者各种各样的细节导致客户不喜欢你这个人,那么后面他不回复消息也就很容易理解了。

四、客户家庭内部没有达成一致意见

很多家庭都是一方支持购买保险,而另一方不支持。如果一方没有跟配偶商量好就来咨询了,等到后面的时候,特

别是决定购买的时候，需要跟配偶商量，而配偶不同意，这件事就会停滞。

客户可能不愿意把这个事实告诉保险顾问，仅自己劝说配偶，所以有一段时间没有回复消息。如果客户的配偶同意了，其就会继续与你沟通；如果客户的配偶实在不同意，其就不再继续与你沟通了。

五、客户真的非常忙

有时候客户说自己很忙，或者说以后再联系，可能是真的很忙，忙到没有时间思考配置保险这件事，如忙着开会、忙着准备考试等。

其实，所有情况可分为两大类：一类是客户自身的问题，比如客户突然觉得不需要保险了，或者客户没时间考虑，或者客户家庭内部意见不一致；另一类是保险顾问的问题，比如客户对保险顾问不满意，或者对保险顾问推荐的产品不满意。

若大家遇到的是客户自身的问题，我的观点是做到"不过多打扰，但我们一直在"，比如不能不停地打电话催问等，客户是有独立思考能力的人，过多的打扰只会让客户反感。

但我们不过多打扰客户,并不代表我们消失了,要告诉客户"我们一直在",遇到任何保险问题都可以随时咨询。我们会在客户的通讯录里、朋友圈里,我们只是暂时给客户一点空间,并不是不再联系。

我们自身的问题是最应该解决的。我一直强调,一个优秀的保险顾问应该是职业的,也应该是相处起来舒服的。

职业具有两方面的含义:一方面是具有专业的保险知识,不能客户问什么都回答不上来;另一方面是衣着打扮、行为举止、服务流程很职业,不一定要西装革履,但要穿着整洁,不一定要学习社交礼仪,但要做到行为大方得体。

我们要让客户感觉和我们相处起来舒服,这一点很重要,我建议大家多换位思考,理解客户的想法,不直接反驳客户。我们的目标是和客户一起选好保险产品,注意在提供服务的过程中不要太教条,遇到问题要多变通。

我曾经遇到过一个保险顾问,他所在的公司通常会要求客户填写一个调查表,这个调查表很详细,客户需要花费一定的时间填写。

有一次,他直接把调查表甩给一个客户,而这个客户要解决的问题其实不用填写调查表,客户也不想填写。他立马说,不填写调查表无法提供下一步服务。他的做法让客户十分反感，后来客户自然就不和他联系了。

这个保险顾问跟我诉苦："我让客户填写调查表没错，了解清楚才能更好地配置方案啊。"他不明白，一个好的保险顾问不会完全按照流程办事，并非填写了调查表才能走下一步，而是让客户感觉舒服才能继续往下走。

下面说说客户不认可我们的方案怎么办。出现这种情况最主要的原因是有异议没有处理。我们具体应该怎么办呢？

一是将异议处理前置。当我们第一次跟客户沟通的时候，就应把常遇到的异议跟客户讲清楚。比如，询问客户了解过哪些公司的产品，对保险公司有什么要求，是想购买高知名度的产品还是高性价比的产品，并告诉客户了解这些有利于我们更好地为其提供服务。我们还可以和客户聊一聊大体预算，可以告诉客户其他同类客户的一般预算，还可以给客户介绍教科书上一般建议的预算确定方法，详细询问客户的想法，提前解决预算方面的异议。总之，大家要尽可能将异议处理前置。

二是在给客户提供方案前与客户约定好时间。比如，询问客户什么时候能抽出二三十分钟的时间沟通一下方案，并向客户说明讲解方案的必要性，如果客户不听方案讲解，那么提供方案的意义不大，因为一般客户根本看不懂方案。这一步有助于我们及时处理客户看过方案后提出的一些异议。

我希望大家看完这部分内容后,能够知道提升哪些方面的能力才不会让客户对我们不满意,同时能够认识到将异议处理前置的重要性。我们不一定能够完全了解客户的想法,但我们应该尽可能理解客户的做法,不要焦虑、不要难受,在展业过程中会遇到各种各样的事,尽量用好的方法处理就好。

第二节

客户想买，但其家人不同意怎么办

在从业过程中，我们难免会遇到"客户想买，但其家人不同意"的情况。有时候，我们和客户聊得好好的，客户本来已经决定购买某些产品了，但是后来对我们说："不好意思，我爱人不同意买，我们先不买了。"有的人想给父母买保险，但其父母表示不要。面对这种情况，很多同业表示很无力，不知道下一步该怎么做。下面我给大家讲讲遇到这种情况时应该怎么做。

一、辨别是真的家人不同意还是仅仅不想买了

很多时候客户不想买保险了或者不想通过我们买保险了，会自己找个台阶下，告诉我们家人不同意。如果你发现客户是出于这个原因，我建议就不要过多追问了，直接表示自己一直在，如果有需要随时联系即可。

如何辨别客户是真的家人不同意还是仅仅不想买了？如果是真的家人不同意，客户通常会向你寻求下一步的帮助，

会跟你详细说家人为什么不同意;如果仅仅不想买了,客户通常不会有下一步的动作。我们下面所有的讨论都基于真的家人不同意。

二、家人不同意的几种原因及应对办法

第一种原因是家人根本不认可保险,因为亲戚朋友买过保险,体验和感受并不好。有的同业可能建议客户跟家人好好说一说,或者让其家人跟自己通电话、见面。

我觉得最好不要这样做。很多家庭因买保险而闹矛盾,具体来说是因为一方认可保险而另一方不认可保险,认可保险的一方极力劝说不认可保险的一方接受保险,最后可能会被骂:"我看你被业务员洗脑了!"认可保险的一方感到很委屈,心想我明明是为了家庭好,却这样被误解。在这种情况下,双方非常容易发生争吵。

我经常跟客户说,购买保险是为了让家庭生活变得更好,如果购买保险影响了家庭和谐,那么最好先暂停,不要跟家人讨论保险是好还是坏。

第二种原因是家人觉得自己身体很好,不需要购买保险,购买保险是对金钱的浪费。这是很多家庭中男主人会有的

想法，他们觉得不用给自己买，给孩子买就好。可以看出，这些男主人是很有责任心的，只是不太明白购买保险到底受益的是谁。很多时候，购买保险并非为了自己，而是为了家人。

若一个人罹患重疾，躺在床上承受着病痛，家人要承受照顾病人的压力；万一这个人不幸身故，那么他们家人要承受更多。因此，很多时候给自己买保险，是对家人负责的体现。我们需要把相关道理讲给客户的家人听。

第三种原因是家人觉得保险产品太贵了，超出了预算。很多客户的家人不同意购买保险，并非完全不认可保险，而是觉得购买保险花钱太多，就索性说不同意购买。这时候，我们可以建议客户跟家人沟通，可以只购买部分产品，如只购买百万医疗险和意外险，或者建议降低保额。需要注意的是，进行沟通的前提是其与家人不存在矛盾。

第四种原因是家人觉得在网上购买保险就好，不用再找一个人对接。很多人认为线下的保险业务员是保险公司的人，所售产品比较贵，形态比较单一，主要是储蓄型产品。一些人会通过知乎、微信公众号了解保险产品，网上的言论大多是线上产品性价比高，不要找线下的保险业务员购买等。这类人可能并非不认可保险，反而对保险有一定的研究。面对这类人，我们需要做的是让他们知道我们的身份，知道我们不代表某个保险公司，而是代表客户的利益，我们可以帮客户选择产品，而且大部分线上产品我们也可以卖，客户可以用同样的价格买到相同的产品，同时可以额外获得我们的服务。

三、有时候"先斩后奏"也是一种好选择

很多自认为不需要保险的人，其实非常需要买一份保险。我有时候会对客户说："您不行先给您的爱人买上，先别告诉他，需要的时候再拿出来，他应该不会怪您。"

因为现在大部分产品是不需要被保险人签字的，如百万医疗险、意外险等只需要知道被保险人的身份信息就能投保。至于金额比较高的重疾险、定期寿险等，虽然很多不需要配偶知情就可以买，但我还是建议大家结合家庭情况决定是否购买，即看这份支出是否会影响生活。如果在合理范围内或者家庭急需，我觉得可以"先斩后奏"。

很多客户想给父母购买保险，比如想给父母购买百万医疗险，一年花费一两千元，但父母非常节省，觉得自己暂时没生病，白白花掉一两千元不值得。这时，有的客户会选择在给父母购买后，告诉父母是自己公司给的福利，没花钱，让父母身体不舒服时及时去医院看，告诉父母保险可以报，这种"谎言"也算是一种爱。

四、让家庭成员从一开始就参与进来

我有个习惯,就是与客户及时沟通。配置保险这件事需要家庭成员共同参与,我们应让家庭成员一开始就参与进来。

我会问客户:"关于这次配置保险,您跟您爱人聊过吗?您爱人怎么看?"

有的客户会说:"聊过了,我爱人说不管,让我来做决定。"

有的客户会说:"我爱人也想参与,我们一起商量着来。"

对于不同的情况,我们有不同的工作流程,注意一定要把这个问题尽早提出,不要等到很多事情都做完了,才发现客户的家人不同意购买保险。

如果客户的家人有一定的决策权,我们一开始就应让他的家人参与进来,如一起见面、一起听电话等,我们要了解客户全家人的想法,毕竟配置保险是整个家庭的事。

保险不应在自己需要的时候才购买,而是应防患于未然。保险能够让家庭更和谐,让生活更从容。如果因购买保险闹得家庭矛盾重重,那么还不如不购买。大家要明白,我们的最终目的是"让生活更好",而不是卖一份保险本身。

第三节

客户只要"大公司"的产品怎么办

这是很多保险新人都会问的问题,虽然我们大小公司的产品都有,但如果非常适合客户的是一家"小公司"的产品,而客户想要购买"大公司"的产品,我们又不想把责任条款或者价格不太好的"大公司"的产品推荐给客户,我们就会十分纠结。

客户口中的"大公司"主要有3种。

一是名气大的公司。这是大部分客户口中的大公司,中国有上百家保险公司,但常听说的不超过10家。在很多客户眼中,听说过的是大公司,没听说过的是小公司。

二是股东背景强的公司。有些客户在选择保险公司时,看的不是公司的名气,而是公司的股东背景。他们可能要求公司有国企背景,可能要求公司有知名外企背景,还可能要求公司的股东是世界500强(如中意人寿,股东有中国石油天然气集团等;工银安盛,股东有中国工商银行等;招商信诺,股东有招商银行等)。公司的股东背景强,对某些客户来说也是一种大。

三是保费规模大、总资产多的公司。我认为,保费规模大、总资产多其实是真正的大，但是意识到这一点的客户比较少。如果把保险公司的保费规模或者总资产排名展示出来，大多数客户会感叹：我认为大的公司原来不够大，没听过的公司居然排名这么靠前。当然，确实有些客户口中的大就是指这种大。

不管客户想要的是哪种大，客户在乎的几乎都是"大"给他带来的安全感。因为大多数客户认为，大公司的服务与理赔比较好。当然，我们知道事实并非如此。保险经纪人了解不同公司的服务，也了解各家公司的理赔情况，同时通过一些数据得出结论：服务与理赔是否好跟公司大小没有必然的联系。我们应该如何消除客户的顾虑呢？我建议做到以下几点。

一、告诉客户你与哪类公司合作

保险经纪人有一个很大的优势，即合作的公司多、产品全，客户想要的名气大、股东背景强或保费规模大、总资产多的公司都有。当然，名气没那么大、股东背景没那么强、保费规模没那么大且总资产没那么多的公司也有。因此，我们不怕客户挑公司，反倒是某些名气虽大但实则保费规模不大的公司的代理人，怕客户挑保费规模大的公司，以及保费规模虽大但股东背景不强的公司的代理人，怕客户挑股东背景强的公司。

二、告诉客户他理解的大不一定是真的大

当解释清楚后，很多客户会惊讶地发现，自己一直理解的大并非真的大。其实，没有特别小的保险公司，至少都有一定的背景，所以大部分保险公司的业务员都会跟客户说自己所在的公司多么大、实力多么强。我作为拥有数百家公司的产品的保险经纪人，有义务告诉客户真实的情况，尽可能实现信息对称。

三、告诉客户服务与理赔的真相

服务与理赔的真相就是其是否好跟公司大小没有关系。很多保险从业人员喜欢在朋友圈发"我司当天理赔，理赔最快""我司服务最好，为客户提供精准服务"等，并且喜欢用一些个例来说明。因为他们只了解"我司"而不了解"他司"，所以很多结论比较无力。

我建议大家充分利用公开可查的一些数据，如公开的理赔年报、公开的"投诉处理考评表"等的数据，因为我们能接触到不同公司的理赔与服务，所以可以根据经纪公司的数据或者自己的经验，告诉客户服务与理赔是否好与公司规模没有必然的联系。

同时，要跟客户说明一个事实，很多时候服务与理赔是否好，也与保险顾问有关，所以要突出我们的价值，让客户知道如何得到真正的好服务。

四、告诉客户保险公司安全性知识

很多客户通过各种渠道了解过一些保险公司安全性知识，一般客户都会说："我听说保险公司不会倒闭，就算倒闭也有国家接盘。"我建议客户更深入、更准确地认识一下保险公司的安全性，除了《中华人民共和国保险法》的规定，还有一些监管政策、再保险政策等，我们有义务让客户知道真实情况，也有义务让客户心里更踏实。

五、告诉客户我们选择某家保险公司的原因

我一直强调我们要和客户一起选公司、选产品。公司重要不重要？重要，凡是客户认为重要的点就是重要的。我一般会跟客户说明一点，同类产品的佣金率差不多，卖价格高的产品我就赚得多，卖价格低的产品我就赚得少。但我主推的一些产品都是价格较低的，因为我并不是以佣金为

导向的，我推荐的是价格合适且保障适合客户的产品，目的是让客户花较少的钱买到好产品，然后认可产品、认可我，以后帮我介绍更多的客户。虽然我第一次赚得少，但以后会获得更多的客户，也值得。

那么，一些公司很知名，某些产品责任条款好但价格较高，这样的产品我卖不卖？我也卖，但我会跟客户说清楚，如果选择这种"大"，就要为这种"大"买单，而且多花的钱可能买不到更好的服务。理赔主要看责任条款，如果花较多的钱买个责任条款较差的产品，有可能影响理赔。我会告诉客户真相，但绝对理解客户的所有决定，如果客户了解了产品的优缺点，仍然选择这种"大公司"的产品，那我也是会卖的。

选择公司或产品的逻辑，就是我们坐在一起选，我的经验和专业建议供客户做决定的时候参考，对客户做的决定我也会提出建议，最后让客户在完全了解利弊的情况下选择产品。因为我们什么类型的产品都有，所以客户可以在信息对称的情况下做出最符合自己需求的决定。

分析到最后，其实这个问题真的不是一个问题。我们是这个行业中最不用担心这个问题的，但要知道并非客户上来要什么我们就给什么。我们还是要告诉客户一些他应该知道的信息，告诉他选择公司与产品的正确逻辑，同时提供专业建议，最终一起来选择一家最合适的"大公司"。什么是大？满意就是大！

第四节

如何回答客户的"你离职后服务怎么办"问题

保险业是一个人员流失率非常高的行业,很多从业人员干不满一年就离职了。由于客户买的保单大部分是长期的,因此存在这种情况:保单还在存续期,但是服务客户的保险顾问已经不在了。这样的保单我们业内称为"孤儿单"。

很多客户会担心自己的保险顾问离职,特别是保险经纪人,客户觉得保险经纪人与保险公司的关系不那么紧密,更容易离职。

一、不管通过哪种渠道购买保险,保险公司的服务都一样

购买保险的渠道主要有以下几种:保险代理人渠道、保险经纪人渠道、互联网渠道、电话渠道、银行渠道等。不管是通过哪种渠道卖出去的产品,最后都是同一个服务系统,同样的理赔流程,客户都可以直接与保险公司联系。

现在保险公司的服务大部分转移到了线上，主要通过官网或者官方公众号为客户提供服务，线下柜台的存在感越来越低，只有部分保险公司的退保手续需要在柜台完成，其他大部分事宜（不管是保全还是理赔），都不需要亲自跑。

保险公司服务的好与坏未来更多看其自身电子化服务的开展，而不是线下网点的建设，保险公司为客户提供服务时会"一视同仁"，不会根据客户的购买渠道提供差异化服务。

二、哪些"人"可以服务客户

我们要让客户知道，当他购买保险后，有哪些人对他有服务义务。

直白地说，只要赚了客户钱了的"人"，都对其有服务义务。这里的"人"既可能指的是某个人，也可能指的是公司。

你若是通过保险代理人购买的保险，服务你的是保险公司、保险公司的代理人。

你若是通过互联网购买的保险，服务你的是保险公司、你购买保险的互联网平台。

你若是通过保险经纪人购买的保险，服务你的是保险公司、你购买保险的经纪公司、你的保险经纪人。

不管通过哪种渠道购买保险，客户都能获得保险公司的服务，这是最基础的服务。而其他保险代理人的服务也好，保险经纪人的服务也好，互联网平台的服务也好，都是额外的服务。

客户需要对比的，是这些额外的服务谁好谁坏。大部分客户需要一个具体的人来为自己服务，因此保险代理人和保险经纪人的服务是他们比较看重的。

如果要说这两种服务哪种更好，我只能说真的要看具体的人了，认真对待客户、用心服务客户的人，不管是保险代理人还是保险经纪人都是好的。

三、保险顾问离职了怎么办

保险顾问离职的情况有很多种，比如没通过考核被迫离职、主动跳槽，以及由于身体原因或者其他个人原因离开这个行业。

其中，由于个人业绩不好而被迫离开这个行业的保险顾问最多。不管是保险公司还是保险经纪公司，都有"孤儿单"政策，当某保险顾问离职后，他的客户会按照公司的相关规定由他人接手。

比如我所在的公司，接手孤儿单的保险顾问不但需要达到一定的职级，而且其工作需要达到一定的年限，因为在这个行业，只要保险顾问达到一定的职级，并且工作达到一定的年限，就基本不会因为业绩不达标而被刷掉了，这对客户来说是一种保护。

很多客户会问，其他人愿意接手吗？他们会认真提供服务吗？其实，接手的孤儿单对保险顾问十分有利，这样的客户是非常好的资源，因为他购买过保险，而且是通过本公司购买的保险，他以后加保或者转介绍的概率较高，所以不管是保险代理人还是保险经纪人，都非常愿意接手孤儿单。

很多公司都是通过报名接手孤儿单，也就是说，这些保险顾问是主动接手孤儿单的。如果想得到客户的认可或者转介绍，首先自己的服务要被认可，所以接手孤儿单后，他们的服务不会差。

很多人即使不在这个行业了，也会尽心为客户提供服务。我经常跟保险新人说："其实你的服务应该与你的生命等长，而不能仅仅因为你在这家公司才服务客户。"

客户需要的服务不是节日问候、请客吃饭，而是自己在有保险需求的时候，或者需要理赔的时候，我们在，并且能帮助他们。

很多时候，我们能帮助客户并不是因为我们在职，而是因为我们具备相关经验、知识、人脉等。

我经常跟团队成员说："如果你们离职了，你们的客户有任何需求记得联系我，我们一起来帮助客户。"因此，对客户最重要的，是你这个人，在保险配置这件事上，你占据着重要位置。

四、客户最应该担心什么

我自从业以来一直尽心帮助客户，我帮客户争取过多次理赔，帮客户处理过多次保险纠纷，也协助客户进行过保险诈骗的报案等。

这些客户的保险顾问其实都在职，但有的提供不了任何帮助，有的不但不提供帮助反而侵害客户的权益。对客户来说，最应该担心的不是保险顾问离职，而是保险顾问还在职但提供不了任何帮助。

很多时候，除了个别保险顾问人品有问题，大部分感觉不好的服务其实是保险顾问所在公司的制度造成的。我真的建议客户选择保险经纪人，或者未来会出现的独立保险代理人，即不再过于依赖某保险公司的人员。

我帮很多非自己的客户做过理赔，他们大多是通过保险代理人购买的保险，而保险代理人由于身份问题、立场问题，不能站在公司的对立面帮客户争取利益。

首先，不管通过哪种渠道购买保险，保险公司的服务都是一样的，保险顾问可能会离职，但保险公司一直在。

其次，我们担心离职的这个"人"的服务是附加在保险公司之上的，而这个"人"目前最好的选择是保险经纪人与保险代理人，具体选择哪个看客户的情况，我建议选择保险经纪人，因为其在需要理赔或者帮客户配置方案等的时候，更能站在客户的立场上维护客户的权益。

再次，任何人离职后都会有其他人接手，并且有相应的政策，不用担心无人服务问题。

最后，为了让客户踏实、放心，保险顾问要努力做好自己，提升自己的专业能力与业绩，尽可能在行业长久发展下去。记住，客户永远是你的客户，只要客户需要，你就应该一直在。

第五节
客户身体异常怎么投保

从业后我发现，大部分客户的身体都不是完全健康的。我们知道，不同的保险产品或者不同的公司对客户身体状况的要求不一样，甚至同一家公司在不同时期对其也有不一样的要求。我们身为保险经纪人，最大的优势之一就是可以帮客户从近百家公司的上千种产品中做选择，让客户买到、买对产品。我们的主要工作之一是帮客户进行非标体投保。

一、确定是否为"非标体"

"非标体"并非身体有异常的客户，而是"过不了保险产品健康告知"的客户。比如，一个人有甲状腺结节，A 款定期寿险问到了这一点，但 B 款定期寿险没有问到。对于 A 款定期寿险，这个人就是"非标体"，需要核保；对于 B 款定期寿险，这个人就是标准体，可以直接按照标准体来承保。因此，我们第一步需要判断，客户的身体异常之处是否是产品的健康告知会涉及的，有没有可能直接购买。

这个环节需要注意的事项很多。比如，有的产品的健康告知会涉及"肿瘤"问题，并且没有对肿瘤做任何解释，这种情况下所有的结节、囊肿都可能算作肿瘤，具有此种异常的客户都应该按照"非标体"处理。

我们需要对所有产品的健康告知足够了解，这需要一定的经验累积。我建议遇到拿不准的情况时，多跟团队的前辈或者团队长交流，让他们帮忙判断是否属于非标体。

二、线上智能核保

如果你发现客户适合购买的产品无法通过健康告知，那就进入核保阶段，不管你给客户配置的产品是线上的还是线下的，不管是否支持智能核保，我都建议先给客户做一下智能核保。

如果选择的产品正好支持智能核保，那么操作起来很简单；如果选择的产品不支持智能核保，那么可以从同类产品中找一些支持的做一下智能核保。因为智能核保不记名，就算结果是不通过，也不会给客户带来任何不良影响。如果智能核保的结果是通过，同时产品正好是客户需要的，就可以直接购买；如果通过的并非客户的首选产品，那么可以将其作为备选产品。

智能核保需要注意一点，只有健康告知涉及的才去核保。比如，问 2 年内是否有某异常，如果是 2 年前的就不用进行核保了，我们要如实告知，但不要过度告知。

通过智能核保，可以知道什么样的情况能通过。比如，智能核保涉及"是否有半年内的检查报告"问题，如果有且结果符合要求就能通过，如果没有就不能通过，这个时候我们可以建议客户去做一个检查。若智能核保需要某指标数据，而客户没有，也可以建议客户做一个检查，也就是说，智能核保的标准很明确，我们可以按照标准准备资料。

三、借助核保工具

如果你对智能核保的结果不满意，那么可以使用其他核保工具。比如，大家可以使用十分受欢迎的"核保查查"小程序，只要输入相关异常，就会有一些投保案例与投保建议。各大保险经纪公司也有自己的核保系统，在选择异常后，就会出来支持智能核保的产品。这样可以提高我们的办事效率，同时可以覆盖更多的产品。

此外，我们还可以借助公司或者团队总结的核保经验，就是什么样的异常投了什么公司得到了什么结果，这些都是真实的核保数据，具有非常大的参考意义。现在还有一些平台提供人工核保咨询服务，我们可以把客户身体异常信息发过去，核保专家会给我们提供专业的建议。这些工具的使用都十分有助于我们帮客户选择出合适的产品。

如今，互联网发展越来越快，我们还可以在团队群或其他同业群中寻求帮助，我们可以加入一些和核保相关的群。自己的引荐人和团队长跟自己的关系很近，所以新人需要核保帮助的时候，他们也是很好的寻求帮助的对象，大家要利用好"有经验的人"这个"工具"。

四、预核保

预核保就是把客户的详细信息传递给保险公司的核保人员，让核保人员在客户投保之前给出一个大体的核保结论。当然，并非所有的公司都支持预核保，但支持预核保的公司也不少，所以如果客户的异常是智能核保无法通过的，或者客户想买的产品是不支持智能核保的，最好的方式就是进行预核保。预核保的结果不代表完全准确的核保结果，但和最终结果八九不离十。

预核保是需要耗费大量人力的一项工作，如果由于某项异常已经确定不能投保了，就不要浪费自己与核保人员的精力去走预核保流程了。核保人员收到的预核保申请最好是那种实在不容易判断的，这样才会体现预核保的意义，也会让保险公司愿意开展预核保这项工作。

五、投保某家公司或多家公司同时投保

如果预核保的结果是好的，或者按照之前的经验，客户身体存在某项异常投某家公司是可以通过的，而且恰好客户倾向这家公司的产品，我们就可以直接投保。为了确保通过，还可以多家公司同时投保。

多家公司同时投保的好处是不会因为任何一家公司给出不好的核保结果而影响其他公司的投保。因为健康告知里基本会问到"是否曾经被除外承保、加费、延期、拒保"，如果被拒保了，那么投其他家公司的时候就要告知这一点，这样不利于其他公司的核保，而同时投保不涉及这个问题。

在同时投保时，投哪些公司、投多少家公司需要根据经验决定，并且需要一定的技巧，那些明显不会通过的就不用尝试了。此外，那些大概率能通过的，也不用投太多家，因为通过了却不买，不管是对保险顾问，还是对经纪公司、保险公司，都没有好处。

六、跟保险公司争取好的核保结果

需要说明的是，并非所有核保都是看一次资料就给一个结果。很多时候，我们需要通过"照会"来跟保险公司的核保人员进行对话、补充资料，或者对某项异常进行解释说明。

我们需要付出很多努力，需要在正确表达客户身体异常之处的同时，尽可能帮客户争取好的结果。虽然我们不能直接与核保人员对话，但可以通过保险公司的专员，或者借助自己的一些人脉关系，给核保人员传达一些有助于得到好的核保结果的信息。大家要知道，核保人员也是普通人，也是听得进道理的，所以我们一定要尽量帮客户去争取。

总之，保险经纪人在帮客户核保这件事上有着得天独厚的优势，如果一个客户在某家公司的代理人那儿因为身体状况买不成保险，或者去线上因为身体状况买不成保险，可能并非真买不了，也可能是因为他还没找过保险经纪人。

保险经纪人是非标体的最佳解决问题者，大家有责任掌握相关技能，从而帮助更多的客户。

第六章

不做职场过客——
如何成为保险业的常青树

第一节
进行有效的时间管理

一、你花费的每一分钟都是自己的选择

我想把这个大多数人都懂的道理写在最前面，即你花费的每一分钟都是自己的选择。你往往会选择做"你当时认为对的事情"或者"你当时觉得重要的事情"。你决定分给什么事情时间，从某种程度上讲决定了你打算塑造怎样的自己。

很多同事总拿"我要平衡工作与生活，所以我没有努力工作"来安慰自己。其实，你并不能通过减少工作的时间去创造想要的生活，反而你努力工作会换来你想要的生活，从而让你节省很多时间。

很多保险新人只看到行业大咖很忙，但若仔细观察就会发现，这些行业大咖用于生活的时间并不少，他们有随意安排自己的时间的底气，现在看起来很忙，是因为他们知道继续努力还能给自己争取更多的闲暇时间。

因此，身为保险从业人员，你在选择你的下一分钟花在哪里时，也是在选择成为一个什么样的人、过什么样的生活。

二、如何对抗拖延症

我觉得对抗拖延症是时间管理的重要方式之一。我经常采用以下几种方法。

第一种方法：拆分目标法。

我会把一个大目标拆分成一个个小目标。比如，我想半年写 100 篇关于买保险、卖保险的文章。如果我不拆分这个目标，可能写 1 篇文章就休息 3 天，等想起来时又写 1 篇文章，之后估计再休息一个月。这样一个多月后我会发现才写了 2 篇文章，心里便会感叹好难，结果很可能是不再写了。如果我把这个目标拆分成每天写 1 篇文章，这样不用半年就可以完成 100 篇，而且我告诉自己要发布出来让大家监督。这样我每天只需要抽出一定的时间来写就好了，我会把它当作一个小任务来完成，最终这 100 篇文章会在 4 个月内完成。可见，把大目标拆分成一个个小目标，往往会促使人积极完成。

第二种方法：心理暗示法。

说出来不怕大家笑话，我有时候会自己"骂"自己。比如，"你现在就去把这件事做了，你的业绩已经做到公司第一了，这点事都完成不了吗""你把这件事完成再去玩儿会更踏实"。就这样自己和自己较真，然后真的感觉另一个拖延的我被说服了。

第三种方法：奖励法。

比如，在完成某项工作后可以奖励自己打一局游戏，完成某个计划后可以奖励自己看一场电影。这种方法不一定对谁都适用，但我觉得大家可以试一试。这种方法会让你打游戏、看电影时没有负罪感。有时候，写一篇文章后我会奖励自己看一集电视剧，我发现自己不但做了正事，而且有了休闲娱乐时间，看电视剧时会很踏实、很开心。

第四种方法：强制隔离法。

我们可以把影响自己的东西强制隔离，如把网断了、手机关了等，告诉自己这一小时就用来做某件事。很多时候，拖延是因为外界的干扰太多。此外，还有一种方法是把自己置于一个非常好的环境中，比如这个环境中都是非常努力工作的人，你大概率会不自觉地被周围的人感染。总之，一定要让自己与那些对自己有不良影响的事物隔离。

三、不要过多依赖时间管理软件

有的人十分依赖时间管理软件，觉得这些软件各种功能都有，甚至有的软件能把一年内每一小时干什么都安排得清清楚楚。我觉得这并不是好事，如果每天把大部分时间都用于服从时间管理软件的安排，也是一种对时间的浪费。

如果你安排得太细，某一小时的任务没有完成，后面你的节奏可能会被打乱。因此，我们只需要让时间管理软件提醒自己某天有哪些重要的事就行，如哪天约了客户、哪天要去听课、哪天要去参加交流活动等。

四、学会专注，一段时间就做一件事情

我有写文章的习惯，通常我会拿出晚上 10 点到 11 点的时间来写文章。在这段时间里，所有的信息我都不回，其他重要的事情都已经提前安排好了。这样我能做到十分专注，专注能让我提高效率，也能让我把这件事做得更好。

很多人看起来很忙，一边写文章一边和朋友聊天，甚至有的人还会同时看电影。他们感觉自己用一段时间做了很多

事情，但是所有的事情都没做好。

专注，真的是这个时代难能可贵的，其从某种意义来说也属于时间管理。

五、学会"购买"时间

最常见的购买时间是购买别人的时间。比如请助理，让助理帮你去做取快递、投保、处理异议等简单而费时间的事情。

购买时间就是花钱提高效率。比如，坐公交车去某地需要花费 1 小时，而打车只需要花费 30 分钟，相对而言，打车节省了时间。

注意，购买时间的前提是你的时间十分值钱，这也是我们努力发展的目标之一，每个人都应努力让自己的时间越来越值钱。

六、不要把太多的时间用于想，要去做

如果你认为做某件事对自己有利，并且大方向没问题，不

侵犯他人的权益，不会给他人造成麻烦，而且自己十分想做，那么就可以去做，并且最好立刻去做，而不是等明天再做。

我从来不说"从明天开始，我要……"，我习惯从现在开始，哪怕先做几分钟也要开始。

我觉得所有的困难都可以在做的时候解决，所有的流程都可以边做边完善，没有什么事情非要等到万无一失的时候再去做。保险人的时间规划最重要的一点就是去做，做你认为对的、想做的事情。

第二节
面对客户的 3 种心态

如果问什么是最需要心理辅导的工作，我觉得是销售类工作；如果从销售类工作中选择一个最需要心理辅导的工作，我选择保险销售工作。我在好几个行业工作过，我认为保险业最难。

我愿意跟大家分享一些我的感触。从事保险销售工作，有个好心态很重要，下面介绍面对客户的 3 种心态。

一、第一种心态：总会有收获

曾经有伙伴问我："你业绩做得这么好，客户谈成的概率很高吧？"我知道，大家都在乎自己的谈单能力，都想成交，都想获得业绩，因为这是我们的主要收入来源。

我记得当时我回答："其实我和大家一样，我丢的单也很多。"当我面对客户时，最主要的目的并不是签单。一是因为我不想被业绩困住；二是因为我刻意对自己的心态进行了调整。

我觉得所有客户都能给我带来收获。

比如，我和一个声音很好听的客户打电话沟通，是一种享受，也是一种收获。

比如，我遇到一个年纪比较大的阿姨，告诉了她一些防止上当受骗的知识，她很开心，我也很开心，这也是一种收获。

比如，我跟客户聊一聊如何带孩子，她给我介绍了一些好方法，这也是一种收获。

比如，某个客户的情况很典型，给了我写文章的灵感，这也是一种收获。

比如，和客户见面分别时他对我说了谢谢，让我觉得一天充满了能量，这也是一种收获。

你看，相比成单这件事，在与人接触的过程中你会有各种各样的收获，这些都会对你产生积极的影响，影响你的现在和将来。

二、第二种心态：彼此需要

我经常跟我的女儿说，要勇于说出自己的需求，说出自己内心的真实想法，我绝对不会批评或者指责。比如，想吃冰激凌就可以说想吃，想看电视就可以如实说想看，想要某个玩具也可以跟我说想要。我不一定都会满足，但我会肯定她勇于表达自己需求的行为。

我也会对我的女儿表达我的需求。比如,我需要她帮我拿东西、需要她过来抱我一下等。她也不一定都满足我,但我会如实表达自己的需求。

面对客户也是一样的。我们要如实表达自己的需求。我们大多数时候会满足客户的需求,并且会尽可能第一时间为其服务,这一点很好,但很多人忽略了自己其实也是有需求的。每个客户都有自己的资源、特长、经验,这些是我们现在或者将来可能需要的,所以要大胆地表达自己的需求。

人与人的关系在彼此需要中增进。

我的女儿不知道从哪儿学的,在表达需求后会说一句"求求你了"。每次听到这句话,我都会耐心地对她说:"我们不用求别人,你最后得到的不能是乞求来的,明确地表达自己的需求就好,不用示弱。"

我们卖保险也是一样的,应不卑不亢,做好自己的本职工作就好,不用以乞求的态度面对客户。

三、第三种心态:我很重要

你第一天进入保险业就应知道,你对客户是很重要的。很多人说"那是因为你做得好,你才有这个底气",但我想说这不是底气问题,这是我们存在的意义。我们应将客户放在第一位,我们要做的是客户需要我们的时候竭尽全力。

非常可喜的是,我看到身边的同事,不管是新人还是老人,不管业绩如何,在保护客户利益这件事上都像超人。保险中最重要的一环,肯定有我们自己。永远不要看轻自己的职业,这个职业虽然说不上多么伟大,但帮到客户后,不管是帮客户获得理赔,还是帮客户争取到了好的核保结果,或者给客户提供了一份好的方案,获得客户的感谢时我都会感到很开心。

英雄并不一定要惊天动地,也可以穿着普通人的外衣,做着普通人的事情,但会给一些人带来不普通的意义。

你要知道,你很重要。

这3种面对客户的心态介绍完了,不知道大家是否有所收获,对我来说,又一次坚定了自己的初心。

我们要善待客户,善待遇到的每个人,善待工作,善待那些挫折与失败,善待或好或坏的情绪。

还有,善待你自己。

第三节
不断被拒绝，怎样调整自己

很多人问我："你业绩这么好，一定是大家都愿意找你买保险，你很少被拒绝吧？"其实我想说，我遭受的拒绝应该比大部分人多，但如果现在让我回忆，我还真没有记得太多被拒绝的场景，因为我做了多年销售工作，很早就明白了一个道理，也是我的第一个忠告。

一、完整地正确表达自己的心意与想法

不以得到对方接纳为目标，而是以尽可能完整地正确表达自己的心意与想法为目标。

想一下，拒绝的挫败感是不是来自你想让对方了解保险，但对方不配合。你跟客户说男主人是家庭支柱，是最需要保险的，但客户就是不听。你打算跟对方见面，但对方一直没时间。

你的目标是让对方接纳你的建议，或者接纳你这个人，得

不到接纳就感到十分失落，甚至怀疑自己。我们不如改一下目标，不再寻求接纳，而是完整地正确表达自己的心意与想法。

我的目标就是告诉大家我做保险了，我的目标就是告诉客户家庭支柱是需要保险的，我的目标就是表达这次会面很重要。到这里，目标达成，任何结果我都坦然接受，如果是超出自己预期的结果就是锦上添花，如果没有收获惊喜就是正常完成了任务。如果你能做到这一点，被拒绝就不会使你产生负面情绪。

二、与悲伤共存

不仅是在保险展业过程中，在人生的各个阶段，被拒绝是再正常不过的事，是必然会遇到的事。当被拒绝时，我们难免会感到悲伤，事实上，与悲伤共存也是一门生活的艺术。

我们要学着与悲伤共存，最终完成自我蜕变。当遇到不如意的事时，不用说"我很坚强，这点事不会让我悲伤"等话，我觉得最好的与悲伤共存的方式之一就是表达自己的悲伤。当你诉说自己的悲伤后，你会感觉到痛苦在减轻，并且会收获家人、朋友给予的温暖，从而产生快乐的情绪。

如果你逃避或者掩盖自己悲伤的情绪，那么对你的伤害才是最大的。

三、不要过多怀疑自己

很多人在遭受拒绝以后，会陷入极度的自我攻击中，会不停地否定自己。比如，跟客户聊保险的时候被客户拒绝，就会想是不是自己说错话了，是不是自己太笨了，是不是自己就不该从事这个职业等。

这类人容易将被拒绝归因于自己，这种归因方式叫作向内归因。虽然有时候进行自我反思是对的，但是这类人容易过度反思，甚至到怀疑自我价值的地步。这样不仅痛苦会持续，他们还会对新的类似的关系或者行为产生畏惧心理。

要明白，客户不接受你推荐的保险，大概率是因为客户本身不需要。被拒绝是不可预测的，很多时候并不是由于你的原因导致被拒绝，因此要学会适当向外归因。

我被客户拒绝的时候会想"他只是现在不想买，是他的问题，与我无关""我是很棒的保险经纪人，他也是质量很好的客户，但这并不代表我们就应该达成合作""每个人都会被拒绝，这就是生活必经的部分"。我们无法控制他人的思想和行动，但我们可以决定自己做何反应。

四、只要与人接触,就不可能做到"无痛"

保险是一个需要与人打交道的行业,我喜欢这个行业,就是因为在与人交往的时候,我会收获美好与感动、信赖与肯定。这些珍贵的东西,只有与人接触才会获得。我明白,只要与人接触就避免不了被刺痛、被拒绝,也就是说不可能做到"无痛"。我们能做的就是做好每一次被刺痛的准备,笑着走进人群。

虽然我知道被拒绝是必然的,痛是必然的,但我仍然相信明天会更好,一切付出与努力都值得。我做很多事情并不是为了获得怎样的结果,而是为了表达想表达的、做想做的。希望大家在以后的保险之路上,不再惧怕被拒绝,如果"被拒绝"这个绊脚石把你绊倒了,而你爬起来了,并且抖掉了身上的灰尘,你就成长了。

第四节

掌握能不断提升自己的学习方法

一、什么样的学习方法是有效的

1. 理论学习与具体实践

理论学习是指听老师讲、阅读书籍、观看视频和演示等，这是我们从小到大接触最多的学习方式，其最大的问题是吸收慢、容易忘，难以将所学知识用于实践。在保险业中，学习知识不是为了应对考试，而是为了用于实践，所以应该注重具体实践。具体实践指的是小组讨论、实际演练、教会别人、实际应用等。我们应把学习知识应用于实际问题的解决中，这是我认为十分好的学习方式。

2. 我十分推崇的学习方式——以教为学

以教为学不仅适用于保险业，还适用于其他领域，主要步骤是：选择一个你需要学习的知识点，找一个对这个知识点丝毫不了解的人，尽量用简单的语言给他讲解，如果你讲不通，就应该重新学习这个知识点，如果讲得通但对方听不懂，也在一定程度上说明自己理解得不够深。

我建议大家平时多输出，不要因为自己文笔差、口才不好，或者掌握的知识不足，就不敢输出。我为什么现在要写文章、写书，是因为我什么都懂、什么都会了吗？我入行时间不算很长，只能算个保险业的小学生。但我知道，每次输出知识点，我不仅在教别人、在分享，更是在梳理自己的知识，加深一遍认知，让自己重新学习了一遍。我建议所有新人，都有一个可以输出内容的地方，学到一个知识点，除了自己学会，也要学会讲给别人听。我建议团队长多让新人去分享、去讲课，这也是让他们学得最快、学习效果最好的方式之一。

二、从哪些渠道获取知识

一些基础知识可以从专业的图书中获取，这里所说的专业的图书是指正式教材，不是市场上那种"鸡汤"类、技巧类图书，正式教材中的知识是最基础、最准确的。

保险新人要学会研读保险条款与投保须知等。刚开始他们需要花费大量的时间学习产品、拆解产品，仔细阅读保险条款与投保须知的每个字。相信我，这种乏味、重复的工作会对你以后有很大的帮助，因为以后要不停地学习新的产品，所以一定要学会怎样分析一款产品的细节。

一些微信公众号上发布的文章很好，但我们也应辩证地去看。我从业之前关注了一些我认为很好的微信公众号，但当我真正从业后才发现，里面有很多错误的观点，或者说我不能苟同的观点。很多时候，保险并没有唯一解，也无法做到绝对客观，每个人都由于某些原因有一些自己的倾向，所以我建议大家辩证地看，不要盲目信从。

保险新人可以向公司内勤、保险公司的专员、自己的引荐人与团队长学习相关知识。大家从业后会发现，身边处处是老师，每个人都有闪光点。不同的职员分工不同，也有不同的专业领域，所以要学会向身边那些与你有密切关系的人请教。

此外，保险新人应认真参加公司与团队组织的新人班、衔接班、团队内训、专项培训等。公司的培训是基础，培训资料也是多年打磨的精品，适合新人循序渐进地学习；团队内训属于加强与巩固，参加的人员相对较少，效果十分显著；而专项培训能够提高你某方面的能力。因此，大家要合理利用能接触到的培训，当然，如果培训太多，也要注意做好选择。

"三人行必有我师焉"，向身边优秀的人多学习、多虚心请教没坏处。当别人需要你帮忙的时候也要及时伸出援手，不要吝惜分享，多跟优秀的人相处，因为跟优秀的人相处你会越来越优秀。

三、制订学习计划

我在从业的各个阶段都会制订一些学习计划。比如，在从业初期，我一周写一篇保险攻略，说白了就是输出。一篇保险攻略可能涉及多个知识点，为了写好保险攻略，我积极努力地去学透各个知识点。我并没有在固定的时间学习，因为我心里知道这个任务，所以一有时间就去学习。

我后期的学习主要是实践，也就是跟客户沟通。我很诚实，不会就是不会，从来不瞎说。我也会跟客户说，我后面有一个强大的团队，所有我不会的问题，第二天都会给出一个准确的答案。可以说，我后期主要是从实践中弥补自己知识的不足的。

我会特意去学一些知识，如法商、年金等。做保险就是这样，刚开始觉得自己什么都不懂，慢慢地觉得自己掌握了很多保险知识，但也不过如此，后来又遇到很多不懂的。学无止境，这个行业一直在发展，任何时候都不能停止学习。

第五节

做自己就是最好的宣传

我们公司的王总对品牌宣传发表了一些看法,起因是有同事觉得我们公司这么多优秀的人、做了这么多有意义的事,应该多宣传。我们公司的确低调做事的人很多,王总就此说了一些话,我把这段话摘了过来:

"在互联网时代,品牌宣传是多维度的,受众更是多元化和差异化的,一味地追求'高大上'未必招人喜欢,雅俗共赏,有人围观比'自我陶醉'更重要。一个公司就像一个人,要生动多彩,要有血有肉,这样才真实,才有人喜欢。媚俗固然不可取,整天一本正经也不免有虚伪之嫌。大众审美虽然不代表最高水准,但品牌宣传恰恰是以大众为目标的。公司十分理解大家的想法,也会尽可能改进,以满足大家的需求,但大家也不妨试着更开放和多元化一些。大家需要分清什么是自己喜欢的,什么是别人喜欢的,常常你以为别人想看的,未必真的是别人想看的。"

对此,我非常认同。

一、真实就好

我不太愿意参加太多"如何经营朋友圈""如何发朋友圈"之类的课程。虽然很多都是干货,教得很细,比如一天发几条最好,其中一条是关于生活的,一条是关于服务客户的,一条是关于自己感悟的等,以及几点发,间隔多久发,记录点赞数量、评论数量,甚至有高阶教程,包括晒哪些东西、发哪种类型的图等。

如果把微信朋友圈变成一个标准化的东西,看似很热闹,其实给人冰冷的感觉。我觉得大家最好还是根据自己的性格来,不想发就不发,有感触了就发感触,想发美食了就发美食。

二、不一定宣传自己的成绩

很多人都觉得有一些成绩的人才能宣传自己,或者特别热衷晒各种成绩。我觉得相比晒成绩,更应该晒的是你取得这样的成绩的原因。

我认为,相比取得什么样的成绩,每天用心且努力的自己更值得肯定。我建议同业,特别是一些新人,能够不卑不亢、脚踏实地，不管业绩怎么样，都认可自己、相信自己，同时告诉所有人这个世界上某个角落里有一个很努力的自己。真正的强者不是赢了别人多少次，而是成了越来越好的自己。

三、不需要"高大上"

很多保险从业人员的朋友圈喜欢晒一些"高大上"的东西，我不太理解他们想表达的意思。是想表达这个行业很赚钱？这个职业很高端？还是想用这些来证明自己过得很好？

大可不必，我们知道这个行业是一个普通的行业，我们也过着普通人的生活。

公司的宣传没必要刻意"高大上"，或者说我们要的"高大上"不是高端大气上档次，而是对自己有"高"要求，对客户有"大"帮助，以客户利益为"上"。这些才是我们要做的，也是我们需要展示的。

四、让更多美好的事被看见

我们身边有很多美好的事与优秀的人，公司里每天都在上演各种故事，不管是官方公众号里发的一些有爱的事迹，还是我们听到的非常优秀的故事，看到的一篇非常好的文章，了解到的某个同事帮客户争取到了理赔等，都可以分享，也应该付出一定的努力让更多美好的事被看见。

我们在宣传别人的时候，如果这个人与我们是同一类人，也相当于宣传了自己。我们的目的不完全是宣传，可能只是有感而发，单纯想把这种好的感受记录下来并传递出去。

五、做更好的自己

刚来公司的时候，我也觉得公司的品牌宣传做得不好，当时我认为应该多设计一些精美的海报，多写一些推广文章，甚至建议买广告位。

但后来我发现，真正的品牌宣传不是自己说自己多么棒，而是一点一点展示出来的成绩。对公司来说如此，对个人来说也一样。比如，在知乎里回答大家提出的问题，因为在回答某些问题时需要十分专业的知识，所以也需要努力才能被看见。

一个个赞的背后，是大家的认可，也是口碑的树立。又如，经营有关保险科普的微信公众号，更新文章很累，但是真正能够让大家受益，一个人看到了，这个人就获得了一定的保险知识。所有的努力都会被看见，而如果一群人都很努力，那么这个群体就会得到赞誉。

我很少想如何做品牌宣传，也没有学过任何相关的知识，这部分内容只是有感而发。每个人都有自己认为对的品牌宣传方式，我希望大家能用一种让自己感到轻松的方式，用一种对社会、对行业、对客户有意义的方式去做。只有先成为一个自己喜欢的人，才有可能获得他人的喜欢。即便他人没有喜欢上你，但你已经赢了，因为你已成为更好的自己。

第七章

保险人的职场发展

第一节
保险从业人员的未来在哪里

每个保险从业人员对行业的未来都有自己的看法，我身为这个行业最前沿的人，也算是业内做得比较好的人，我觉得我做得好的原因不仅是懂得保险销售之道，拥有保险销售之术，还有很重要的一点是我一次次判断对了或大或小的行业趋势。下面和大家分享我对保险从业人员未来的思考。

一、客观中立的第三方会是大趋势

未来的保险市场，客户最愿意接受的可能是第三方互联网保险平台、保险经纪人及独立的保险代理人。未来大家的信息会越来越对称，保险教育也会逐渐普及，所以只卖某家保险公司产品的代理人会很难。

不过，现在大部分保险代理人还感受不到这一点，因为此时尚可以依靠"拉人头"。但我们不管是从发达国家的市场来看，还是从近几年中国市场的数据及身边购买保险的人的行为变化来看，客观中立的第三方会是大趋势。

如果你想把保险作为长期事业，我建议你做保险经纪人，虽然有"王婆卖瓜，自卖自夸"的嫌疑，但这是我发自内心的建议。我希望所有想从事保险工作的人，多了解一下保险经纪人，这是一个有光明的未来的选择。保险经纪人在发展前景、整体人员素质、客户接受度甚至从业感受上，都是非常好的。

二、一定要拥抱互联网

互联网、人工智能、大数据等会对保险业产生非常大的影响。未来的保险业做的不再是熟人生意，不能单纯想着依靠人情了。

一些保险从业人员非常抵触互联网，他们会对客户说"互联网上的保险你也敢买？以后都找不到人理赔！"，而且在他们看来，互联网上的客户太杂太乱，都是来套方案的，等到真的购买保险的时候，客户还是会找身边的保险顾问。这些人员会对线上产品和线上客户进行恶意揣测，如果他们不及时改变观点，最后一定会发现自己被这个时代抛弃了。

我们不仅不应带着恶意看互联网，更应该拥抱互联网，让技术为自己赋能。通过互联网，我们可以学习更多的知识，了解更多的产品，接触各种各样的客户，从而提高自己的专业度。未来，人工智能产品会代替部分保险业务员，特别是专业水平低、对产品了解少、不能给客户带来好的感受的那批人。

三、情商对保险从业人员很重要

熟人经济时代这一点可能还不明显，因为我们卖一份保险可能靠的是多年来积累的人情关系，但进入多元化客户群体时代，我们做的不再主要是熟人生意了，而是主要依靠情商和专业知识赢得客户。

一个人的情商并不仅仅体现在会说话、会办事，更多的是能认识并管理自己的情绪，也能认识并管理他人的情绪。我们要知道保险是一种非常难卖的产品，因为保险不像其他产品那样诱人，也不像其他产品那样购买后立马能用上，更不像其他产品那样简单，所以保险从业人员需要较高的情商和专业水平，从而为客户提供良好的体验。

四、"产销分离"与"去渠道化"

现在很多保险公司已经意识到，与其花大力气、大资金建立销售团队，不如把精力和金钱用在产品研发与后期服务上，把销售工作交给专业的销售公司。不仅是保险业，大部分我们能接触到的行业，市场越成熟，产销分离越彻底。

我国的保险业离彻底的产销分离还比较远，因为我国保费主要集中在几家公司，目前主要是"自产自销"模式，所以这些公司的口号可能是"去渠道化"，目的是缩减销售成本，把利益让给代理人或者直接通过推广来增加利润。

"产销分离"和"去渠道化"看似矛盾，但在未来很长一段时间内会并存，这是好事。对客户来说，不管各家保险公司喊的口号是什么，最终落地的还是白纸黑字的保险合同及实实在在的服务。客户最关心的是如何买到适合自己的产品，如何获得更多的信息。

不管是保险经纪人还是保险代理人，必须朝专业化发展，要一起进步，提高自己满足客户需求的能力。

五、"送人头"模式的出现

之前，保险业大多是拉人头，这个人头指的是客户，就是拉人来卖保险，其实更多的是要他带来的客户，这是保险业口碑不太好、保险从业人员流失率高的主要原因。大家把自己的资源利用完了就被淘汰了，并且亲戚朋友会埋怨："×××卖给我保险后很快就不干了，而且我从网上查了查，这个产品非常烂，根本不是我想要的，想退又比较困难。"

这样做不仅自己没赚到钱，还可能失去亲情、友情，这是大部分保险从业人员不愿意看到的。

人们对保险的需求是存在的，只不过人们想找一个专业的人，找一个让自己放心的人，找一个自己不会觉得"不买他的保险就不好意思"的人。因此，销售领域出现了一种模式，就是买方向某个平台提出需求，这个平台再对接卖方（服务方）。

放到保险业就是，客户提出自己的保险需求，说明自己想要什么样的保险顾问，平台会给他对接一个能满足他的需求的保险顾问，这样保险顾问只需要努力满足客户的需求，以及努力提升自己服务客户的能力就可以了。这样保险业才能真正摆脱传统的金字塔模式、拉人头模式，保险顾问才能专心地为客户提供专业的咨询服务。

对于保险从业人员的未来，每个人都有自己的看法，未来也会有很多种可能，以上是我个人的看法，也是我对保险业未来几年的判断。保险业会是一个越来越好的行业，根据国家的一些规划，保险业是有大发展的。但一个行业发展不一定带动行业中每个职业都发展，每个公司都发展，每个人都发展，所以我们需要花点时间思考如何成为行业中活下来的那个、受益的那个。虽然这些内容可能无法给大家指明道路，但我希望能引发大家积极思考，思考如何结合自己的情况、自己的认知、自己对未来的看法，走好现在和以后的每一步。祝大家有个光明的未来。

第二节

是兼职好还是全职好

有个人添加我的微信后对我说:"李越老师,我很喜欢您的每一篇推送,文笔很好,思路清晰,排版工整,从中感受得到您的真诚。我希望您写一篇关于'要不要辞职做保险'的文章,分析一下兼职做保险和全职做保险的优势与劣势,相信这是不少人想了解的。"

这个朋友提出的建议很好,这是保险从业中很重要的一个点,很多人在一开始都会纠结是兼职还是全职,我的身份十分适合讲。

目前,行业中主要有两种声音:一种是一进入保险业就应该做全职,因为做全职能够有足够多的时间,并且能坚定决心;另一种是提倡做兼职,因为很多人是从兼职做起的,做兼职能给自己留一条退路。

我先说说我的从业经历。我是从兼职做起的,当时我选择做兼职的原因是不知道在保险业到底能走多远、走多久。

还有一个原因是，我是家庭支柱，如果辞去较稳定的工作全职做保险，我的家庭可能会失去收入来源，家人也不支持我，那时他们对保险业有偏见。虽然我一开始做的是兼职，但是我用于卖保险的时间并不少，即使没有太多机会去公司参加培训，我也会利用晚上或者周末的时间进行大量的学习与实践。

我是如何确定可以从兼职转变为全职的呢？有以下几个参考指标。

第一，完全认可这个职业，并且获得家人的支持。

第二，赶上或超过之前的收入，至少获得的收入能够维持家庭的正常开支。

第三，看到自己在这个行业的发展前景，比如有了稳定的客源或有了增员，预计未来的收入符合自己的预期。

第四，之前的工作可以很好地进行交接。

我大概用了半年的时间达到了这些指标，并从兼职转变为全职。对我来说，做全职后变化并不大，只是把用于原工作的时间转到了卖保险上，可以多见一些客户，多学习一些知识，多参加一些培训。保险可以说是一个付出与收获成正比的行业，如果你做得好，还可能获得多种被动收入。如果你想从兼职转变为全职，那么应保证保险带给你的好处比原工作带给你的多。

刚开始工作的时候，我的增员有很多是做兼职的，这些做兼职的人普遍学历很高，工作很好，他们做兼职的原因有的是想给自己买保险，有的是想额外增加收入，有的是想好好做保险但还有一些顾虑。他们整体做得都不太好，因为越是有好工作越有退路，他们不会拼尽全力，一看做保险并没有想象中那么好，就不会主动想办法克服困难，而是直接选择放弃，用他们的话说是"反正没有成本"。

很多前辈建议，发展团队时尽可能要全职人员，做兼职的最好不要招进来。慢慢地，我理解了为什么一些保险公司要求新人打卡、一周参加两三天培训，因为它们想筛选出真正想做保险的人，同时有机会告诉大家要好好做保险，因为做保险很有意义，并且有光明的未来。那时候，我一度怀疑我是个特例，我可能是因为运气好或者比其他人更努力才会在做兼职时就取得了不错的成绩。

后来有一个月，我招了几个人，有做全职的也有做兼职的，可以说他们处于同一个起跑线上，让我吃惊的是，其中有一个兼职的人做得非常好。她不但有朝九晚五的工作，而且下班后要带孩子，我发现她是一个用心且努力的人。后来，她也增员了一个人，是她的同事，那个人也做得非常好。直到现在，她也是我的团队中做得最好的成员之一。后来，我在选择兼职增员的时候，不再看资历背景，而是看是否努力，是否有做好保险的内驱力。如今，我发现，我的团队中全职和兼职做得好的人员数量不相上下。

我曾经写过一篇文章，题目是《不建议听了保险公司或保险经纪公司的宣讲后就立马辞职做保险》，不管是保险公司还是保险经纪公司，开职业介绍会的时候都会说这个行业多么好，未来多么有希望，赚钱多、自由、轻松、有爱，听后让人立马想加入。

事实上，这个行业很残酷。大家在看从业人员的业绩时，一般主要看销售高手的业绩，而我会关注自己团队的业绩、公司的业绩，还会看大多数人的业绩。其实，80%的保险人是没有太高的收入的，不少人会在入职一年内流失。

有一些团队成员明确地对我说："我就是来全职做保险的，因为我没办法同时做好两件事情。"此外，还有一些人是因为原工作有很多让自己不满意的地方，于是选择换工作，将卖保险作为一次尝试，给自己半年或一年的时间，如果取得了理想的成绩就继续做，如果没能取得理想的成绩就重新找工作。我觉得大家都是成年人，都应为自己的选择负责，应认真地对待自己的每个选择。

我知道"画饼"是增员的一个利器，但我从来不给他人画饼，我会告诉大家后面会遇到很多困难，也会告诉大家同时会收获很多感动。我会如实地告诉大家我的情况，一个很普通的人通过自己的努力做到公司业绩第一；我也会让大家看到大多数人的情况，由于这样或那样的原因默默无闻地来再默默无闻地离开。

我知道做到后面你大概率会越来越喜欢自己及自己的职业，但我还是想告诉你，这是一个没有底薪或者底薪很少，未来你能否取得好的成绩主要取决你是否用心与努力的职业。同时，即使你用心且努力，若方法不对或者运气不佳，也有可能会带着憧憬来，带着失望走，所以如果你选择从事这个职业，也要学会谅解自己。

回到网友问我的问题，兼职做保险和全职做保险的优势与劣势分别是什么？我建议大家结合自己的情况具体分析，兼职做保险不一定做不好，重要的是要用心且努力。在做决定的时候，尽量多咨询一些前辈的意见，不要冲动，特别是在你本身有很好的工作的情况下，因为一下子没有收入了很多人承受不了。

希望你想做保险的心，不会因为"有退路"而改变，若你真心想进步，即使做兼职也能拿出足够的时间。如果你肯付出，那么兼职、全职对你来说区别不大。

至于做兼职好还是做全职好，每个人都有自己的答案。我见过很多兼职做得好的人，也见过很多全职做得好的人，每个人都可以给自己一个成为优秀的保险人的机会。

如果你预想在辞职做保险后，若业绩不理想，自己的心态与生活会受到严重影响，那么大可不必辞职。很多人兼职做保险，也能抽出时间学习展业，需要注意的是，不要总想着自己有退路，在兼职的过程中要认真思考自己是否适合这个行业。

第三节

如何顺利度过低谷期

做保险没有底薪或者有很少的底薪，没有公司给你安排具体任务，更像是在创业，怎么做、什么时候做、做到什么程度都由自己决定，这是保险销售与其他销售工作的不同之处。

保险销售跟其他销售工作一样的是都会经历低谷期，低谷期往往使人记忆深刻，那时候通常进步最大、收获最多。

一个人是否处于低谷期并没有客观的评判标准，更多的是一种主观感受与状态。比如，盒子里有100颗糖，50颗苦的，50颗甜的，每天拿一颗糖吃，按理说拿到甜的和拿到苦的糖的概率应该一样。如果吃一两天苦的糖，再吃一两天甜的糖，我们都能接受；如果手气不好，连续5天都拿到苦的糖，我们就会怀疑这盒糖有问题，甚至暗示自己这盒糖就是有问题的，后面即便又回到吃一两天苦的糖，再吃一两天甜的糖的日子，也会记住苦而忽略甜。这在心理学上有相应的解释。

很多人会在低谷期陷入焦虑甚至自我怀疑，其实进入低谷期,并不是因为自己做错了什么。同时,你从低谷期走出来,也不是因为你做对了什么。

我不建议大家锻炼把苦尝成甜的能力。有的人说:"我把所有不好的事情都往好的方面想,这样我就不会难过、不会脆弱了。"我不知道是不是真的有人可以做到这样,但是我不行,也不希望大家这样做,只希望大家不要因为总是拿到苦的糖,就不相信以后会拿到甜的糖。

如果一盒糖不是50颗甜的、50颗苦的,而是90颗甜的、10颗苦的,但是只有先吃一盒10颗甜的、90颗苦的糖,然后吃一盒20颗甜的、80颗苦的糖……70颗甜的、30颗苦的糖,80颗甜的、20颗苦的糖,之后才能获得一盒90颗甜的、10颗苦的糖,那么你的感受如何?我想告诉大家的是,当我们切换一个模式的时候,必然要体验先苦后甜,前期很大概率连拿5颗苦的糖,甚至连拿10颗苦的糖,而这种低谷期,是冲到高位的必经阶段。

对我来说,处于低谷期时主要有两种情况。

第一种是进入保险业之后,我发现自己没有业绩了,客户谈不成,本来感觉十拿九稳的单子也丢了,觉得自己运气很差,烦躁不安,严重怀疑自己。

第二种是在进行大的目标调整(如将好好做业绩的目标调

整为增员、带团队）时，相当于从一个已经很熟悉的领域进入一个不熟悉的领域，所以前期会遇到各种困难，感觉付出的努力和收获不成正比，开始怀疑自己新的目标或者新的路是否正确。

人生中有起有落很正常，吃到苦的糖一点都不可怕，甚至连续吃几颗苦的糖也不可怕，可怕的是因为吃到苦的糖导致不敢继续吃下去。我们做很多事情都是一开始付出的努力和收获不成正比，这时需要坚持下去，慢慢地会发现自己吃到的甜的糖越来越多。

我平时会花费很多时间写文章及运营几个保险交流群，这些事情不会给我带来收益，但我觉得能给很多人带来好处。做这些会大大缩减我服务客户的时间，从而导致我的业绩受到影响。同时，来自各方面的压力会导致我的情绪发生变化，易怒、失眠、感到失落等。

我第一时间发现了这些问题，并决定正视它们，同时我告诉自己这是我应该解决的。关于时间分配的问题，我先暂停了几个微信群的每日分享，因为在微信群内授课会消耗大量的时间和精力，同时我跟几个群友聊过，发现之前分享的内容太多，大家也希望有时间吸收一下，所以我跟大家说先暂停一段时间，等我调整好状态后会更好地为大家服务。这让我轻松很多，关于日更文章，我决定继续写下去，因为很多人每天在看，并表示收获很大，最重要的是我一天拿出两小时来写文章还是可以接受的。慢慢地，我的精力和重心回到了带团队和做业绩上。

接下来就是调整自己的情绪，我没有把不好的情绪变成好的情绪的能力，但根据以往的人生经历，我是可以和不良情绪相处的。这种情绪就像是我体内的一个人，时不时就会出来，没关系，我只希望他出来的频率低一些，或者对我的影响小一些。因此，他的出现我并没有觉得有何不妥，他的出现带来的一切也是真实的我的一部分。

有一段时间，我发现自己太累了，就刻意让自己放松。一天，我从早到晚躺在床上刷手机，连我的妻子都说："你今天怎么这么颓废？"其实我是在刻意放松，就像一直赶路的人，需要适时坐在长椅上休息。

我还会跟朋友、同事谈心，表示自己最近很颓废，也得到了很多人的安慰、帮助，并获得了好的建议。在低谷期的时候，我们需要与人沟通，不管是现实中的朋友还是网络中的朋友。

我也会跟自己沟通，这部分内容写到一半的时候我发现自己不好的状态已经消失了，我感觉下一颗糖是甜的，并且坚信有很多甜的糖在等着我。

第四节

如何为团队新人制定成长规划

对于一个保险人,特别是一个保险新人,制定详细且有效的成长规划非常重要。我从带团队那年开始,每年都获得公司的最佳伯乐奖,之所以能取得这样的成绩,我觉得主要是因为我会帮新人制定成长规划。

这件事需要新人和团队长配合完成。下面我以团队长的身份,分享自己是如何做的。

一、前期与新人的彼此了解

1. 入职前的沟通

我非常重视入职前的沟通,不管是电话沟通还是见面沟通,都需要花费一定的时间。入职前的沟通除了可以让我们认识彼此,我还可以了解新人的一些客观情况及从事保险销售工作的动机。比如,我会了解他倾向于全职还是兼职,之前的工作与学习状况，每天能有多少时间做保险等。

我会跟新人强调，有任何问题都可以问我，我绝对会如实回答，不夸大、不画饼。因为我希望与他们进行心对心的交流，我还可以通过他们的提问了解他们内心深处的追求与担忧。

这些也是我为新人制定成长规划的基础。

2. 关注新人的朋友圈

我虽然平时不怎么刷朋友圈，但每当添加一个新朋友，我都会看看他的朋友圈。因为一个人的朋友圈中藏着很多有用的信息，我们可以从中了解他的性格、探索他的生活、知道他的喜好、感受到他的情绪等。这也是我对一个人进行深入了解的窗口之一。

3. 关注新人在入职过程中的表现

我不仅喜欢听别人怎么说，更喜欢看别人怎么做。

对于新人，最好的观察点就是他在入职过程中的一些行为。一个人是有所追求还是喜欢平淡，是积极还是懒散，聪明与否，执行力强弱，性格是急躁还是稳重等，都会从他的行为中不经意地显露出来。因此，一个人的行为表现是我十分关注的。

二、填写 SWOT 分析表与职业规划表

1. 填写 SWOT 分析表

我觉得这个表在保险业非常好用。

S（Strength）指的是优势。在填写的时候，新人应尽可能多写自身的优势，如能力上的优势、性格上的优势、心理上的优势、资源上的优势等。新人要尽可能写详细一些，因为写得越详细，未来团队长帮你分析得越准确。

W（Weakness）指的是劣势。新人需要写自身在从事保险销售工作上的缺点，要敢于去写，敢于直视自己的不足。当然，有可能你以为的不足并非不足，但没关系，只要你以为是的就写上，大家可以一起分析。

O（Opportunity）指的是机会。这是指外部的积极因素。对保险从业人员来说，包括整个保险环境、人们的保险意识、影响拓客与展业的外部因素等。大家要写出那些自己发现的机会。

T（Threat）指的是威胁。这是指外部的消极因素。这里要分析哪些客观条件是对你做保险不利的。

再强调一遍，写这些的时候一定要多写，自己不确定的也可以写下来，因为后面会有前辈帮你进行分析，写得越多，越能让帮你分析的人员更好地了解你。

2. 填写职业规划表

我们团队的职业规划表是我自己做的，并且会不断迭代。

我主要让新人填写长期目标、中期目标及短期目标，还会让新人填写为了实现这些目标打算怎么做，或者愿意付出什么，也会让新人填写一些类似于初心、三观、座右铭之类的内容，因为我想从这些细节中更好地了解这个人。

我会要求新人写得尽可能详细。因为做过几年保险后我发现，这个行业变化太快：一是外部环境变化快，各种政策会突然出现；二是自己变化快，不同状态下的自己会有不同的想法与目标。因此，对于新人的规划，最重视的应该是近期。

我同样会让新人想一想自己会如何去拓客，因为是否会拓客在一定程度上决定着未来能否成功，所以这一点很重要。当然，新人填写的可能只是他以为会做，或者他以为能做的，后面他不一定真的按照自己所写的做，但这些有助于我更好地了解他的想法。

三、与新人深度沟通

1. 沟通的时间

新人完成入职流程后，需要进行一段时间的培训，以对这个行业有所了解。因为深度沟通需要定一个大方向，所以最好让新人对行业有一定的了解后再去沟通。

当然，在深度沟通之前，我们也会进行入职前的沟通、入职中的随机沟通及入职后新人期的日常沟通等。这些都很重要，都对深度沟通具有很大的帮助。

2. 沟通的主要内容

首先，要了解新人入职的一些感受，以及现在的想法哪些跟入职前是一样的，哪些跟入职前是不一样的。我们可以借此告诉新人，很多时候我们想象的跟实际做的可能不一样，也要告诉新人，行业跟自己都是在变化的。

其次，分析 SWOT 分析表。我会肯定每个认真填写表格的人，并且会一一跟他分析所写内容，告诉他哪些是应该考虑的，哪些是"多虑"的。我会给新人重点分析"SO"组合，也就是分析他的优势和市场上的机会，以及面对这些我们应该怎么做。接着，我会提醒他关注"ST"和"WO"组合，就是自己具有优势但市场上存在威胁及市场上有机会但自己处于劣势的情况，这里有他需要提升的点，以及团队需要去帮助他的点。至于"OT"组合，自己处于劣势，市场上又存在威胁，我们可以先不去关注。

最后，分析职业规划表。我喜欢从长期目标开始分析，一般长期目标都是很宏大的，如带千人团队、年收入达到千万元等。虽然我看后觉得不切实际，但"梦想总要有的，万一实现了呢"。当我聊到短期目标的时候，我会很认真，因为短期目标比较实际并且很快就需要达成。

此外，我和新人必聊的还有未来的拓客细节——客户从哪里来，是陌生客户还是缘故客户，是来自线上还是来自线下等。我会在这块儿聊得非常细，因为非常重要。

3. 沟通后的动作

在沟通后，我会为新人修订职业规划表，修订后的职业规划表会成为新人的成长指南之一。同时，我会告诉新人这个职业规划表应随时调整，当自己觉得不合适或者遇到问题时，一定要随时找我，我们一起来分析是不是哪里需要更改或优化。

四、对新人的持续陪伴

我特别喜欢使用"陪伴"这个词。因为成长这件事，不仅需要前期规划，还需要他人的陪伴。

我会陪伴新人，我会给每个新人建一个专属群，我的助理、新人的引荐人等会在里面。新人有任何问题都可以找我们，我们会第一时间给他提供帮助。

我会和新人一起做很多事情，一起学习、一起交流、一起分享签单的喜悦等。我想，好的团队就是能够让大家有在一起的感觉。

我希望每个新人在成长之路的开端都有一个好的规划，这也是大多数人走好保险之路的必要条件之一。我希望这部分内容能给大家一些启发。

第五节

保险人努力的方向是什么

在平时跟大家的交流中，出现频率最高的一个词就是"努力"。有一些前辈说："这个行业中所有人都是通过努力和坚持走下来的。"有一些新人说："我已经非常努力了，但为什么还是没有起色？"

我是一个通过努力得到了丰厚的回报的保险人，身边像我这样的人很多，我也见过很多十分努力业绩却毫无起色的保险人。我认真分析过这个问题，我们取得的成绩存在差异的原因不是资质不同，也不是努力程度不同，而是努力的方向不同。下面和大家分享保险人应该努力的方向。

一、努力做真实的人

以前，我建议大家努力做个好人，好人在我的概念里，就是愿意遵守世界的各种规则，为他人想的比自己多，遇到纠纷也愿意顾及他人的感受，懂得换位思考的人。

现在，我建议大家做一个真实的人，真实地表达自己的想法，真实地展现自己的脆弱，真实地表达自己的情绪。因为这个行业是一个与人打交道的行业，会遇到各种各样的人，真实的你会让你在与他人交往的过程中感到轻松。同时，真实的你也能更容易获得他人的信赖。因此，我们需要努力拥抱真实的自己。

二、努力给客户提供好的感受

我经常思考保险经纪人这个职业算什么。

算销售吗？销售其他产品遇到的客户，不像我们遇到的客户那样对人尊敬，又主动咨询。

算老师吗？虽然很多客户叫我们老师，但我们的主要工作并不是教会客户保险知识。

算顾问吗？虽然我总说保险顾问这个词，但我们做的比其他保险顾问多，前期获客、中期展业、后期提供售后服务。

我觉得我们更像客户一个"最懂保险的朋友","最懂"两个字是我的目标,"保险"两个字是我的服务领域,而"朋友"是我给客户的一种好的感受。

大家会发现,缘故客户是成交率最高的,因为他们信赖你、了解你,跟你有各种各样的情感连接。

对于陌生客户,我们也应该建立这种连接,这样才会给客户带来好的感受。

我的建议是大家一定要明白,如果这个客户与你成交,那么你将服务他一辈子。从接触开始,你就要让客户知道——相信我没错,我现在、未来都会是你最懂保险的朋友。大家要朝着这个方向努力。

三、努力让自己持续输出

我见过很努力却做得不好的人,大多数人都在努力学习,但很少努力输出,这就是努力错了方向。

听了10堂大咖分享的课,可能不如只听一堂,认真总结从中学到的东西,并且分享给其他人十分重要。你跟团队长要来了产品对比表,又看又背,都不如自己亲手做一个。

你翻了很多书,可能不如自己写一篇文章。

在这个行业,输出不仅是提高学习效率的有效方法,还是让别人认识你、了解你、信任你的有效方法之一。在入行前,我就是一个愿意输出的人,入行后我写了几百篇文章,对比表也都是自己做。

这是我反复给各个从业人员强调的,不要给自己找任何借口,去输出,不断地输出,让自己变得更好,让更多的人认识更好的你,慢慢地你会发现自己学到了知识、认识了朋友、有了并肩前行的伙伴,也有了很多客户。

四、努力寻找并肩前行的伙伴

保险业是一个很热闹的行业,这个颁奖、那个峰会,手机里有上百个群,时不时地分享讲课……

保险业也是一个非常孤独的行业,没有客户会感到焦虑,丢单后会难过,看不到未来会感到绝望。很多时候,这些都是自己一个人在承受,而自己承受的结果大多是自我怀疑,甚至自我放弃。

你往往不缺热闹时的伙伴，但你可能缺少孤单时的陪伴，难过时的安慰，以及鼓起勇气后和你并肩前行的人。我问过几个业绩比较好的新人，他们大多都会有一个或者一群与其并肩前行的人，包括我，别人眼中的大咖，也会在很多时候感到迷茫、失落，需要一个人或一群人来和我一起前行。

五、努力成为一个职业的人

我们要对客户负责，要努力成为一个职业的人，而不是仅有专业知识的人。你既然选择了这个职业，就需要具备从事这个职业所需的条件，如认可行业、认可公司、认可自己；除了学会保险相关知识，也要知道如何着装、如何与客户沟通、如何进行方案呈现、如何提供后续服务等。

你要知道自己所处的位置，要懂得如何跟内勤相处，如何与合作的保险公司沟通。你还要知道应该遵循的一些规章制度、应尽的义务。一个人可能担任多个角色，当你变身保险顾问的时候，一定要职业起来。

六、努力学会放弃

从业几年后,给我感受最深的是,人的时间、精力真的很有限,但我们想要的,或者能够让我们感到愉悦的东西又太多。因此,我们需要学会放弃。每个人在乎的东西不同,不同事物在自己生命中的优先级也不同。

我想告诉大家,要想把一件事做好,需要放弃一些东西,放弃的可能是自己的舒适区,也可能是某个爱好,甚至放弃某个身份。不管选择放弃什么,大家一定要认可并理解自己的选择。

七、努力学会珍惜

这是我从业以来最大的收获,以及最大的感触之一。因为在这个行业发展很难,很多都是以放弃某些东西为代价得来的,所以一定要学会珍惜。我建议大家不仅珍惜看得见的东西,也珍惜那些看不见的东西,比如客户所说的一句暖心的话,自己努力达到某个目标时的喜悦,第一次被他人认可时的自信,感觉自己被需要时的坚定。

这些是我一路走下去的动力，我非常珍惜这些，也希望每个人都保护好这些属于自己的宝贵财富。

以上是我的观点，也是我从业以来一直努力的几个方向。

大家在阅读本书后要结合自己的情况进行深入思考，总结出适合自己的从业方法。大家可以参考别人的建议，但最后还是要以自己喜欢的方式走下去。如果有一天我们不期而遇，我会看见你们的脸，那一张张努力过的脸最好看。

后 记

写给
保险新人的一封信

所有刚进入保险业的伙伴：

你们好！我是李越，很高兴有机会和大家进行交流。

进入保险业会得到很多东西，但这是以放弃一些东西为代价的。有时候，我也会感到失落，因为我觉得这并不是自己想要的生活，但是看到那些客户，看到支持我的人，又觉得一切都值得。

我想对大家说，任何时候都别太焦虑，也别羡慕那些业绩好的人，按照自己的节奏走就好。如果你走得很快，那么请允许自己没力气时停下来；如果你走得很慢，那么请谅解暂时落后的自己。不管是保险之路还是生活之路都是如此，路很长，与生命等长，希望你走得有质量，而质量高低更多看自己的感受。

我经常对新人说的一句话是："多考虑别人的感受，少在意别人的看法。"我觉得这句话对于在这个行业生存十分有用。我做了很多年销售工作，我觉得销售人员不仅需要掌握销售技巧，还需要研究销售心理学。

研究销售心理学有助于销售人员了解客户在商品交易活动中的心理变化规律，同时有助于销售人员更好地做好心理建设。刚开始，我刻意根据所学知识分析他人的心理，后来我发现这种刻意的行为变成了习惯，并且我懂得了考虑他人的感受。我很喜欢一个词——温暖纯良，我希望自己成为温暖纯良的人，我在为之努力的路上得到了很多善意的反馈。

我希望大家都尽量成为这样的人，多考虑他人，总有一天大家会发现自己也会受益。"少在意别人的看法"这一点也很重要，很多时候你需要一个"铠甲"。

我穿上"铠甲"的时候真的感觉自己是个战士，不惧怕失败、被拒绝、流言蜚语、被误解，会朝着自己认为正确的方向坚定地前行。每个人都有脆弱的一面，我希望大家勇敢地面对困难和挑战，当脆弱的时候可以承认自己此时此刻是脆弱的，但要尽快调整心态，释放压力，继续前行。

这个行业真的需要与你并肩前行的人，也就是说你需要一些业内的好友。

寻找并肩前行的人不仅是为了和他们交朋友，也是工作需要，和优秀的人并肩前行你会充满力量。大家应努力学习知识、拿到产品，再根据所学知识把合适的产品推荐给合适的人。拿到产品这一点对大家来说是公平的，只要在某家公司开了工号，大家拿到的产品就是一样的；而学习知识，就要看大家的学习能力和努力程度了。

我发现大部分新人的学习能力都没问题，但是有的新人不够努力。我发现能做到持续努力的人，要么看到了自己在一步步成长，要么有很强的内驱力。我希望大家能找到促使自己发自内心努力的理由，既可以是一些小目标，也可以是喜欢越来越好的自己。

但也许你会发现，自己变成了越来越"差"的人。我见过很多同业，上学的时候成绩很好，名牌大学毕业，卖保险之前也有很好的工作，但是卖保险之后发现自己出不了单，谈不成客户，甚至不敢说自己是卖保险的，并且开始怀疑自己，觉得自己很差。

我想对新人说，不管你以前多么光鲜亮丽，到这里都要从头再来。其实，保险业是不停地从头再来的行业，这个季度考核完，成绩就清零了，过去的成功与失败都不代表什么，尽管继续朝未来迈进吧！你可能业绩在行业中不是最好的，而且可能一直在各种排名中毫不起眼，但这些都不重要，重要的是你在很多人心中很重要。

客户是你应该花费心思的，可能你不是月亮，只是一只小小的萤火虫，你无法照亮整个世界，但你能让一些人眼前的夜空变美。因此，真的要认真服务每个客户，也要相信自己对黑夜的意义，你要做的不是和他人比谁的光更亮，而是要飞去需要你的地方。

每个行业都有不容易的地方，可以说成年人的世界都不容易。除了爱客户、爱家人、爱这个世界，还要学会爱自己。我最希望看到的不是你们成为 MDRT 会员，也不是你们在各种排行中榜上有名，而是你们发自内心地认为自己进入这个行业是对的，所有的努力都值得。最好的鲜花与掌声不是站在领奖台上获取的，最好的鲜花是客户给你的，最好的掌声来自你自己。

愿大家在保险之路上，更多的时候带着笑容。